Cœurs Infidèles

Camille Babin

Copyright © 2019 Camille Babin
Tous droits réservés.
ISBN- 978-1-7320903-8-5

DÉDICACE

Louange et gloire à mon Seigneur Jésus-Christ,
Merci de me donner la force et l'audace de partager ces mots que Toi seul a su placer dans mon esprit.

A l'amour de ma vie, le roi de mon cœur, mon époux, Jean-Claude. Merci de rester fidèle à ta promesse de m'aimer chaque jour. Je t'aime.

Contenu

Introduction..1

PARTIE I : REDÉFINIR L'UNITÉ

1 Et les deux deviendront Un...10
2 L'amour et le Respect..23
3 Nus et sans honte..35

PARTIE II : A LA POURSUITE DE L'UNITÉ

4 Aimer, les os brisés..49
5 Trop ou pas assez...62
6 Sans attaches..62

PARTIE III : UNITÉ SOUILLEE

7 L'amour, qu'en est-il ?...70
8 Les pièges du sexe..79
9 Sens dessus dessous..92

PARTIE IV : UNITÉ RESTAURÉE

10 Reality Check..105
11 Renouvelles ton esprit...112
12 Reviens à Lui...121

REMERCIEMENTS

"Car la parole de Dieu est vivante et efficace, plus tranchante qu'une épée quelconque à deux tranchants, pénétrante jusqu'à partager âme et esprit, jointures et moelles ; elle juge les sentiments et les pensées du cœur » Hébreux 4 :12

Je tiens à remercier tous ces hommes et ces femmes qui se tiennent à la brèche dans le nom de Jésus pour implorer la miséricorde de Dieu pour le salut et la transformation des âmes.

Tous ces soldats qui ne cessent de mener le combat, pour l'œuvre de Dieu, demeurant dans la lumière et dans la vérité

Toutes ces personnes qui n'ont pas encore accepté Jésus Christ comme Seigneur et Sauveur

Puissiez-vous entendre le cri de son cœur et venir à Lui.

À tous ceux qui ont faim et soif du Dieu Très haut

Puissiez-vous le trouver en dépit de la confusion et du chaos autour.

INTRODUCTION

L'été dernier, je me suis rendue dans ma ville natale, à Abidjan en Côte d'Ivoire, en tant que missionnaire. Au départ, j'étais très réticente car je n'étais pas sûre de pouvoir faire face aux démons du passé. Il m'était très difficile de m'imaginer sur cette terre à laquelle j'avais associé, sans le savoir, les souvenirs les plus douloureux, les plus sombres de ma vie. Tant que j'y allais, rendre visite à ma famille, je n'y voyais aucun inconvénient. Mais ce dernier voyage ne ressemblait en rien à tous ceux que j'avais effectué précédemment. Cette fois ci le Seigneur m'envoyait en « mission ».

Pour la première fois, de ma vie, Il m'a demandé de prier pour mon pays, la Cote d'ivoire. Il m'a donné des endroits spécifiques, des sites sur lesquels je devais me rendre pour déposer des prières. Le Seigneur m'a tout simplement dit : « vous devez apprendre à prophétiser, à déclarer des paroles de vie sur votre nation. Vous devez apprendre à chérir ce qui est à vous, et non dénigrer, mépriser, rejeter ou même professer des paroles de malédiction ». Je me suis donc retrouvée à la basilique Notre Dame de la Paix à Yamoussoukro. Il m'a fait enregistrer ces messages que j'aimerais partager avec vous. Je n'avais encore aucune idée que ces messages feraient l'objet de cet ouvrage.

« Yamoussoukro, Terre d'accueil. Terre de paix. Revenez à moi. Vous ne me connaissez pas, car vous ne me cherchez pas. Celui qui me connait, celui qui me cherche, je me révèle à lui. Vous ne me cherchez pas. Vos enfants ne me connaissent pas. Vous vous réjouissez à travers vos chants, vos danses, mais vous n'apprenez pas à vos enfants à prier, à se tenir dans la droiture, dans la justice. Vous n'avez pas l'amour du prochain. C'est toujours celui qui peut avoir plus que l'autre, celui qui paraitra le mieux, celui qui en fera baver l'autre. Vous ne me connaissez que lorsque vous avez des soucis. Vous me connaissiez lorsqu'il y avait la guerre, que vos enfants étaient portés disparus, lorsque vos corps étaient entassés. Mais aujourd'hui vous n'avez plus besoin de moi. Vous m'adorez du bout des lèvres, pas de sincérité. Une adoration vide. Vous m'adorez avec les lèvres, mais sans le cœur...Bénis ce pays ! Lequel d'entre vous, lorsqu'il se lève le matin dit : « Seigneur bénis ce pays, Seigneur, prends ta place dans cette nation. Prends ta place sur le territoire ivoirien, sur le continent africain » ? Aucun d'entre vous. Vous savez prier pour que vos affaires marchent, pour que vos enfants réussissent, que vos familles soient unies...mais vous ne savez pas prier pour votre nation. Vous ne savez pas apprécier la richesse que vous avez, jusqu'à ce qu'on vienne vous piller, vous dépouiller. Vous dites m'adorer mais vous ne me connaissez pas. Vous dites m'adorer mais vous ne me connaissez pas. Celui qui me connait, connait mon nom. Et si vous connaissiez mon nom, vous sauriez que mon nom est le nom que je vous donne. Vous êtes lumière du monde et sel de la terre. Mais quelle saveur apportez-vous à cette terre ? Quelle saveur apportez-vous à cette terre ? Aucune. Aucune. Aucune saveur. Aucune saveur. Aucune lumière. Vous êtes lumière, mais vous acceptez de marcher dans les ténèbres. Vous acceptez de sacrifier vos valeurs, vos morales, juste pour quelques sous, juste pour des promotions, pour avoir une position, pour qu'on vous célèbre. Malheur à celui qui cherche à être célébré par l'homme. Je rebâtirai cette place. Je rebâtirai cette place afin que ma

gloire soit manifeste. Je rebâtirai cette place. Je changerai les cœurs de ceux qui reviennent à moi. Je changerai leurs cœurs. A ceux qui me cherchent, je me manifesterai, et ceux qui se détournent de moi, je les punirai. Revenez, revenez, revenez, revenez, revenez, revenez à moi, dit l'éternel. La paix ne s'achète pas. Qu'avez-vous gagné en retour ? Qu'avez-vous gagné en retour ? Tous vos sacrifices, en vain. Sacrifié vos enfants, vos parents, vos amis et frères. Tout ça pour de l'or, pour être vu, célébré, connu, adulé par les hommes ? Je ne me réjouis point dans tout cela. Je vais rebâtir cette nation. Je vais rebâtir cette nation. Je vais reconstruire cette nation. Elle sera fondée sur ma parole. Elle sera fondée sur ma parole.
Terre d'abondance. Terre d'abondance. Terre d'abondance. Rachetez les temps. Rachetez les temps. Détournez-vous du mal. Détournez-vous du péché, de la corruption, de l'infidélité. Vous êtes des infidèles, dans les cœurs, vous êtes des infidèles. Vous adorez un jour et le lendemain vous changez. Des polygames, des infidèles, des adultères, des menteurs, des corrompus, et je ne parle pas de ceux qui sont à la tête car ceux qui vous dirigent vous reflètent. Vous les avez choisis à votre image et non à l'image de Celui qui vous a créés. Ces hommes qui travaillent pour vous, parce que vous avez placé votre confiance en l'homme. Mais les voies de l'homme sont tortueuses. Détournez-vous de vos voies. »

Voici en partie, le message que j'ai reçu le 3 septembre 2018. Coupable. Je me suis sentie coupable de n'avoir moi-même jamais réellement apprécié la beauté de notre pays, de n'avoir jamais apprécié la présence du Saint Esprit jusqu'à ce qu'il ne se fasse plus sentir. Coupables sommes nous tous de ne pas prononcer des paroles de vie, de paix, de joie et d'amour sur cette nation. Coupable de n'avoir pas rempli notre mission de fils et fille du Dieu vivant.

Et je me suis mise à bénir le Seigneur pour avoir ainsi guidé mes pas, pour une opportunité de se repentir et rectifier le tir. Je ne partage pas cette expérience avec l'intention ou le désir de semer un esprit de culpabilité en toi, je partage simplement cette expérience pour qu'ensemble nous fassions quelque chose de différent. Je partage ces mots, parce que nous sommes tous appelés à revenir à Dieu et à nous soumettre à sa volonté de faire de notre pays, la Cote d'Ivoire, notre continent africain un sujet de Sa gloire.

Sur cette terre, beaucoup seront convertis. J'ai vu sur l'esplanade de la Basilique des hommes et des femmes venir d'ailleurs pour rendre gloire à l'Éternel. Des malades seront guéris, la paix reviendra à nouveau dans ce pays, pas à prix d'argent mais par pure grâce. Connaissons l'éternel comme le Dieu de grâce. L'esprit du Dieu vivant demeurera dans cette nation, sur le continent africain. Tout esprit d'oppression, d'assujettissement, esprit qui annihile le peuple africain sera détruit au nom de Jésus.

Lorsque je me préparais pour ce voyage, quelques semaines avant mon départ, j'avais pris un temps de jeune et de prière. Au cours d'une prière, j'avais reçu une vision ; un esprit très fort semblait dominer le pays, le recouvrir entièrement, un esprit d'oppression, rattaché à des puissances extérieures. Je me suis vue tournoyer comme si je me trouvais dans le colisée de Rome. Et je m'élevais dans les airs je continuais de prier et d'adorer le Seigneur. Je priais en esprit, demandant au Saint esprit de briser cet esprit d'oppression ; soudainement, je vis le parvis de la basilique de Yamoussoukro. Sur l'esplanade, il y avait plein d'agneaux. Je voyais des agneaux envahir le pays.

C'était une si belle vision. Et le Seigneur m'a donné ces paroles : « renversez leurs autels, détruisez leurs envoyés sataniques, brulez leurs enseignements. Ils n'enseignent pas la parole, que la doctrine d'assujettissement. Esprit d'oppression. Jérusalem sera restaurée. Des églises vont fermer, des temples brulés. Tous sauront que l'Éternel reprend sa place. Le temps est arrivé, sonnez les sirènes. Les rois ne mangeront plus à la table. Renversement de pouvoir. Tous vont chercher l'exil, mais personne ne voudra les accueillir. Les portes se referment devant eux. Ils s'enfuient sur leurs chariots. Ou peuvent-ils aller ? ils courent vers la mort sans même le savoir. Leurs dieux ne peuvent plus les aider. Le culte de la mort. Ils prêchent l'opprobre et la mort. Ils seront tous jetés dans le feu qu'ils ont préparé. Les pendules remises à l'heure. » J'entendais le tic-tac d'une horloge ; « bientôt et ils seront pris à leur piège, leurs coffres-forts seront ouverts. »

Le Seigneur nous fait sortir de la dette, de la servitude. « Les transferts seront faits. Tout ce qui a été pillé, volé et détruit, je le ramène à vos pieds. N'oubliez pas le Dieu qui vous a fait sortir de l'oppression. Parlez de moi, annoncez ma bonne nouvelle. Montrez des signes, donnez-leur des signes. Pointez vers La Porte, qu'ils viennent tous à moi. » Et je voyais des grottes, comme un sous-sol avec des lingots d'or, des montagnes de trésor et le seigneur continua « L'Afrique va prêter à ses semblables. Brisez le joug au-dessus de votre cou. Reprends ta place. Mère de l'humanité. Porte haut ton flambeau. Glorifie le Seigneur qui a ôté l'opprobre au-dessus de vous. Allez dire au monde que Jésus est vivant. Ce n'est pas le dieu d'un livre mais le Dieu vivant.   La honte et l'opprobre seront sur l'oppresseur. Priez pour vos ennemis. Mais je vais détruire, je vais les réduire à néant. Ils ramperont devant vous, ils se tiendront en file pour quémander du pain. La fin d'une saison. La fin du joug. Moi l'Éternel, J'ai ainsi parlé » et je vis du feu beaucoup de feu.

Comme je l'avais souligné auparavant, j'ai pris toutes ces notes sans même me douter de l'utilisation qu'Il allait en faire. A mon retour d'Abidjan, j'étais encore en escale à New Jersey lorsque j'entendis « cœurs infidèles », je ne savais pas ce que cela signifiait. Mais la voix était pressante et j'ai ressenti qu'il fallait que je prenne des notes. J'ai donc commencé à gribouiller sur le dos d'une enveloppe que j'avais réussi à trouver dans mon sac. Je pensais que c'était surement le titre d'un blog ou quelque chose de vraiment simple. Tout à coup, mes notes prenaient de plus en plus forme et devenaient mieux organisées. Je recevais des impressions sous forme de chapitre et sections. Ça y est, je me suis dit : 'un autre livre'. Loin de me réjouir, j'etais très confuse, vu que j'étais déjà en train de travailler sur un autre bouquin. Maintenant il me fallait demander au Seigneur lequel des livres écrire en premier ?

A peine quelques semaines plus tard, je n'avais plus aucun doute. Cœurs Infidèles devait être écrit. En effet, lors d'une prière d'intercession, le Seigneur m'a emmené dans un lieu très haut, et je voyais au sol des serpents, flottant autour du peuple, dans les églises, partout, et nous prions, invoquant le sang de Jésus, subitement, tous les serpents ont commencé à mourir, tous noyés dans cet immense bain de sang. Puis le Seigneur nous a fait ressentir sa colère, a annoncé son jugement à venir. J'ai vu sa main se lever comme s'Il était prêt à la laisser s'abattre sur le peuple. Je n'ai ressenti aucune émotion ; très sec, très froid, et juste après, un faisceau lumineux, une lumière presque aveuglante ; brusquement, j'ai eu l'impression que mon cœur allait se déchirer, et je me suis mise à supplier, à implorer le Seigneur d'étendre sa grâce et sa miséricorde sur chacun d'entre nous. J'ai prié afin qu'il attire son peuple encore à Lui, qu'il transforme nos cœurs de pierre en cœurs de chair, que nous puissions nous détourner du péché.

Ce livre nait donc de tout ce que j'ai partagé précédemment. Je ne prétends pas savoir tout ce que Dieu veut faire, ou fera, mais je sais, sans aucun doute, qu'il veut que tu entendes ce qu'il cherche à te révéler, que tu voies ce qu'Il est en train d'exposer.
Et je prie également que ce soit une occasion pour toi, mon frère ou ma sœur qui a reçu des paroles de l'Éternel mais qui refuse ou n'ose pas les partager. Souviens-toi Ézéchiel 3 « Fils de l'homme, je t'établis comme sentinelle sur la maison d'Israël. Tu écouteras la parole qui sortira de ma bouche, et tu les avertiras de ma part. Quand je dirai au méchant : Tu mourras ! si tu ne l'avertis pas, si tu ne parles pas pour détourner le méchant de sa mauvaise voie et pour lui sauver la vie, ce méchant mourra dans son iniquité, et je te redemanderai son sang. Mais si tu avertis le méchant, et qu'il ne se détourne pas de sa méchanceté et de sa mauvaise voie, il mourra dans son iniquité, et toi, tu sauveras ton âme."

Ce qui est contenu dans cet ouvrage, ne plaira surement pas à bon nombre, mais pourrais-je encore chercher à plaire aux hommes après un tel avertissement ? Comme l'apôtre Paul l'a dit : « Si je plaisais encore aux hommes, je ne serais pas serviteur de Christ. » (Galates 1 :10)

Je t'invite, bien-aimé à laisser le Seigneur se glorifier dans ta vie. Donne-lui la place qu'Il mérite. Laisse le Saint Esprit te conduire, te parler, te révéler les zones de ta vie, de ton cœur qu'il veut transformer. Confie-lui ton fardeau et tes blessures, laisse le te guérir, te restaurer et te sanctifier. Laisse le te guider, t'éclairer et de donner tout ce qu'il t'a promis. Que la paix et la joie du Seigneur soient ta force. Il n'y a plus de condamnation pour celui qui croit. Crois et tu seras sauvé, ; Sa parole va changer ton cœur, changer ta vie et te racheter du péché. Au nom de Jésus Christ, notre Seigneur.

PARTIE 1

REDÉFINIR
« L'UNITÉ »

1
... ET LES DEUX DEVIENDRONT UN

Au commencement, Dieu créa l'homme à son image ; il les créa homme et femme, [1] les deux, de la même source. Il insuffla la vie en eux et leur ordonna d'être féconds, de multiplier la terre et de l'assujettir. Le Seigneur était avec eux, pour les guider, les conduire, les protéger. Mais Adam et Eve ont permis à un autre esprit de pénétrer leurs cœurs et d'affecter leur esprit ; cédant ainsi la place au serpent. Ils ont donné champ libre à l'ennemi pour demeurer au milieu d'eux, entrainant doute, méfiance, honte, culpabilité, blâme et rejet. La lumière qui existait était désormais teintée. Ils n'entendaient plus une voix, mais deux. Ils n'étaient plus une seule chair, mais deux individus distincts, jetant le blâme l'un sur l'autre.

Ce chef-d'œuvre divin aura été assurément contaminé par le péché, rendant impossible pour le reste de l'humanité de demeurer dans le lieu saint avec le Créateur. N'oublions pas que l'unité n'était pas seulement qu'entre Adam et Ève, elle incluait notre Seigneur. Tant que les hommes étaient dans la soumission, dans l'obéissance à Dieu, il y avait une cohésion totale, une parfaite symbiose. Ils pouvaient vivre en toute honnêteté et transparence, en toute

---

[1] Genèse 1 :27

confiance, comme un seul être. Mais pourquoi est-ce important de relater ce qui était, avant la chute de l'Homme ? Jésus n'est-il pas venu pour nous racheter, et rétablir cette unité ? Certes, là où les hommes ont échoué, Jésus, lui, a réussi. Il a brisé la malédiction du péché et nous a donné la Victoire. Il est ainsi parvenu à redonner à l'homme sa place dans le royaume des Cieux. Mais ceci, à la seule condition que nous ne fassions qu'un avec le Père, tout comme lui.

J'aimerais également que l'on focalise notre attention sur la relation qui existait entre Adam et Eve, juste avant qu'ils ne soient exposés au péché. Ceci, non pas pour nous plonger dans l'amertume et le chagrin, mais pour que l'on ait une meilleure compréhension des desseins de notre Seigneur, la vision qu'il a du mariage entre homme et femme. Et si nous parvenons à visualiser cette image, à imaginer cette harmonie, nous serons en mesure d'éviter que l'histoire ne se répète. Certes, nous ne vivons plus dans le jardin d'Eden mais nous avons le Saint-Esprit en permanence. Le plan de Dieu nous concernant n'a pas changé. Il tient toujours à demeurer présent dans nos vies, à développer une intimité si grande avec nous que nous n'ayons d'autre désir que de lui plaire, l'honorer et faire sa volonté. Nous avons été créés à l'image de Dieu ; il ne s'agit pas d'une ressemblance physique, naturellement, mais nous sommes issus de son esprit et nos cœurs doivent refléter cette réalité ; nos actions doivent témoigner de l'esprit de Dieu qui vit en nous. Car Dieu ne se préoccupe pas de l'apparence extérieure [2]; Il regarde à nos cœurs. Laisse-moi donc te demander, quel esprit t'habite ?

La Bible dit : nous sommes souillés non par ce qui entre dans notre corps, mais ce qui sort de notre bouche.[3] De l'abondance du cœur, la bouche parle. L'esprit que Dieu a insufflé dans les narines de l'homme[4] doit se manifester à travers nos mots, nos actions. Connais-tu l'adage : « dis-moi avec qui tu marches, je te dirai qui tu es" » ? Eh bien, avec Jésus, cela ressemblerait surement à ceci : « dis une parole et je te dirai quel esprit vit en toi ». Le fait que les hommes aient sombré dans le péché ne nous disqualifie aucunement pour cette course dans laquelle nous sommes. Jésus est venu dans le monde, sous une forme humaine afin de nous donner une autre chance, une nouvelle opportunité de repartir à zéro. Apprendre à Le connaître, à marcher selon ses voies et accéder ainsi aux richesses qu'Il a en réserve pour nous. Il veut nous révéler sa volonté, son plan, mais cela n'est pas sans contrepartie. Nous devons y mettre du nôtre. Mais de quel travail s'agit-il ? Que devons-nous faire ? L'adorer, tout simplement.

Le Seigneur ne réclame ni présents, ni sacrifice, seulement notre adoration. Il veut siéger dans nos cœurs. L'éternel souhaite avoir une communion parfaite avec nous. Et cela ne peut se faire que par l'adoration qui vient de nos cœurs. Ai-je entendu

---

2 1 Samuel 16 :7
3 Matthieu 15 :11
4 Genèse 2 :7

quelqu'un demander « mais qu'en est-il de la prière ? La prière n'est-elle pas la clé pour débloquer les promesses de Dieu ? Ou si c'est l'adoration, pourquoi donc Jésus nous aurait-il demandé de prier sans cesse ? »

La prière, vraie et sincère conduira toujours à l'adoration. Le but de la prière est de nous propulser dans le sanctuaire, dans la présence de Dieu, nous amener à ouvrir nos cœurs et entrer en communion avec le Saint esprit. La prière n'est pas le but, mais un moyen de transformer nos cœurs et nous tourner vers le Seigneur. Pas les prières égocentriques, orientées sur ce que nous avons à gagner. Car, des prières, qui n'ont d'autre but que nos intérêts, ne nous conduiront jamais dans la présence de Dieu.

La prière est une occasion de communiquer avec notre créateur, comme une femme parlerait à son époux, savoir ce qu'il désire, quels sont ses plans et préoccupations. Un temps de communion, d'échange et d'intimité. Il n'y a pas d'intimité sans réciprocité. Quand Dieu nous a donné accès au lieu très saint, il n'a rien demandé en retour, sauf notre amour. Il aimerait prendre possession de nos cœurs, tout comme au premier jour. La prière et l'adoration sont inextricablement liées. La prière est la clé que Dieu nous a donné. C'est Sa parole, son Esprit ; ce grand secret qu'il a si bien voulu nous révéler afin de nous donner accès à son trône. La prière fait tomber les écailles de nos yeux et nous donne de voir Dieu dans toute sa splendeur, toute sa majesté. Notre adoration est comme un stéthoscope, qui nous permet d'entendre les battements de Son cœur, discerner Sa volonté. Elle nous donne d'entrer dans une nouvelle dimension de Sa présence, et d'obtenir un aperçu de l'ampleur de son amour pour nous, ses enfants. Nous sommes l'épouse du Christ ; Il est notre époux. Qu'est-ce que Dieu commanda à la femme ? La soumission. Il nous a dit « Femmes, soyez soumises à vos maris » Il nous demande tout simplement de leur donner l'amour dont ils ont besoin, d'offrir nos cœurs complètement, sans retenue, tout comme la femme avec le vase en albâtre. Pouvez-vous imaginer cette scène ? Quel mari pourrait résister à une si grande démonstration de tendresse, d'affection, d'amour ? Que son épouse lui baigne les pieds dans le doux parfum de son adoration ? Malheureusement le mot soumission ne rime désormais plus avec adoration, dévotion ou même affection ; il est devenu synonyme de dégradation ou humiliation. Rappelons-nous que Jésus Christ, notre Seigneur, ne nous a jamais demandé de faire un sacrifice que lui-même n'était pas disposé à faire. Il nous a aimé en premier, a offert sa vie pour nous. Notre époux nous a donné ce dont nous avons besoin : l'amour ; et en retour il n'attend que notre respect, notre révérence, notre obéissance. Une obéissance sans condition, une adoration sincère, sans calcul, dénuée de toute fausseté. Lorsque Jésus parlait aux Pharisiens et aux maîtres de la Loi, il dénonçait leur manque de sincérité. *"Hypocrites ! Ésaïe avait raison quand il a prophétisé sur vous : "Ces gens m'honorent avec leurs lèvres, mais leurs cœurs sont loin de moi* [5]*."* Ils faisaient *presque* tout à la lettre, sans y mettre le cœur. Ils voulaient tous l'alliance, mais refusaient la relation ; ils faisaient les sacrifices sans jamais faire d'offrande. Quelle est la différence ? Les rituels sans le cœur. Ils voulaient les avantages, sans en payer le prix, sans rechercher une intimité profonde avec le Dieu qu'ils prétendaient adorer. Ils n'hésitaient pas à offrir en sacrifice les animaux requis, seulement pour prendre part aux rituels exigés par la loi, sans jamais donner leur cœur à Dieu, afin d'être complètement transformés. Combien d'entre nous, aujourd'hui, adoptent ce même comportement ? Combien veulent le lait sans avoir à acheter la vache ? Combien veulent les promesses, mais refusent Celui qui promet ?

Notre Dieu, qui est Amour, peut-il se contenter d'une relation sans amour ? À moins que nous lui donnions le meilleur, à moins que nous lui offrions une place privilégiée dans nos cœurs, il ne peut avoir de « mariage », pas de relation, pas d'intimité, pas de communion, donc pas d'unité. Cependant, nous devons reconnaitre que le seul objectif du mariage est de créer une unité parfaite avec le Père. Il veut que notre communion soit si tangible, que nous soyons si remplis de son esprit que le monde pourra le voir à travers nous. Il ne doit avoir aucune séparation. Combien de fois avons-nous vu des couples, qui après quelques années passées ensemble, finissent par

---

[5] Matthieu 15 :7-9

afficher le même comportement, à épouser les mêmes habitudes, mêmes préférences ? Certains finissent même par avoir une légère ressemblance physique. Lorsque nous devenons Un avec Dieu, Sa volonté devient la nôtre, Ses pensées deviennent les nôtres. Nos vies s'alignent à Son plan et exemplifient son caractère. Nous devenons la preuve vivante de Son amour.

Le temps est désormais venu pour nous de refléter Sa glorieuse présence, d'exprimer notre adoration, de la démontrer à tous. Car ceux que le Père recherche, ce sont de vrais adorateurs, qui l'adoreront en esprit et en vérité. Ceux qui n'ont ni peur ni honte de témoigner publiquement leur amour pour Lui. Et il ne s'agit pas de crier à tue-tête juste pour se faire entendre, ou de prétendre juste pour se faire voir et admirer par les hommes. Notre adoration se traduit par l'évidence des fruits que nous portons en nous, notre attitude vis-à-vis des autres, notre amour pour les hommes et notre aversion totale pour le péché. Le Seigneur recherche ces hommes et ces femmes qui ne reculeront devant rien pour chercher Sa face, entrer dans sa présence, et accepteront de se laisser transformer par son esprit saint. Ceux qui ne se retiendront plus, n'auront plus honte d'exprimer leur amour et de vivre une vie qui Le glorifie. Ceux qui n'essaieront plus de 'jouer ' dans les deux camps. Il recherche ceux qui lui seront entièrement dévoués, qui se laisseront conduire et utiliser pour la gloire de Son nom. Ceux qui n'écouteront personne d'autre que lui, qui n'auront pas la crainte des hommes, ceux qui ne se laisseront pas intimidés par les mondanités, distraits par les plaisirs de la chair, mais ceux qui auront le courage de leurs convictions, qui entendront la voix du Père et oseront déclarer les paroles qui leur seront révélées par le Saint Esprit. Ces hommes et femmes qui n'hésiteront pas à proclamer son amour et sa fidélité, à obéir à ses commandements « *Mes brebis entendent ma voix ; je les connais, et elles me suivent.*[6]. » J'entends le Seigneur dire : « *N'aie pas peur d'annoncer les paroles que je mets dans ton cœur. Ceux qui me connaissent sauront que c'est Moi qui parle. Et c'est ainsi que vous reconnaîtrez ceux qui sont appelés par Mon nom... ceux qui refusent d'entendre ne veulent point se détourner du mal ; ils ont déjà fait leur choix."*

Mais pourquoi le Père recherche-t-il des adorateurs qui l'adorent en esprit et en vérité ? Premièrement, parce qu'Il nous a créés à son image, par son souffle, son esprit. Nous ne pouvons prétendre être de Dieu, à moins d'avoir son esprit[7], vivant en nous. Si nos cœurs n'appartiennent pas au Père, comment nos paroles pourraient-elles témoigner à son propos ? C'est seulement lorsque nous allons faire place au Saint Esprit, lui donner total contrôle sur notre cœur, notre esprit et notre corps, que nous parviendrons à marcher selon l'Esprit et non la chair, et les paroles que nous prononcerons seront porteuses de vie. Car la parole de Dieu est Vie ; elle est la vérité qui nous affranchit de la servitude du péché, nous libère du poids de la culpabilité et de la honte de nos transgressions. Nul ne

---

[6] Jean 10 :27
[7] Romains 8 :14

peut être rempli de l'esprit de Dieu marcher dans le mensonge. Car l'esprit de Dieu est *"l'esprit de vérité"*[8]. Contrairement à ce que la société veut nous faire croire, il n'y a pas plusieurs vérités, mais une seule, tout comme il n'y a pas plusieurs dieux, mais l'Unique, le Vrai Dieu, Jésus-Christ de Nazareth, qui est mort sur la croix et ressuscité pour le salut de toute l'humanité. Aujourd'hui, notre Seigneur nous invite tous à réévaluer nos positions, nos croyances, et revisiter tous ces mensonges que nous avons autorisés l'ennemi à semer dans nos cœurs. Si vous avez déjà fait une cure de désintoxication, alors vous devez être familiers avec cette notion. Sinon, il n'est jamais trop tard pour commencer. Invoquez tout simplement le sang précieux de Jésus, afin qu'il vienne purifier votre esprit, vous débarrasser de toutes fausses croyances, tout mensonges, ou conceptions erronées. Permettez au Saint Esprit de rétablir la vérité de la parole de Dieu. En effet, il ne peut avoir aucun compromis entre la vérité et le mensonge. Il n'y a pas de demi-vérité. Nous marchons soit dans la lumière soit dans l'obscurité. Nous croyons en Jésus-Christ ou nous n'y croyons pas. Tout comme nous sommes soit homme soit femme, et pas les deux. Revenons donc à Adam et Eve. Dès qu'ils ont ouvert la voie au serpent, il a fallu tout recommencer. L'esprit de Dieu, en eux, avait été ainsi contaminé. Ils ne pouvaient plus entendre clairement la voix du berger, car ils étaient tombés dans les filets de l'oiseleur. Il est bien évident que la lumière ne peut cohabiter avec les ténèbres. Et notre Dieu n'est pas un

---

[8] 1 Jean 5 :6

demi-dieu. Il règne sur tout l'univers. Il est le Dieu souverain, Dieu jaloux qui ne partage sa gloire avec aucun autre. Soit nous lui appartenons corps, esprit et âme, soit nous appartenons à une autre entité. Cependant, beaucoup d'entre nous ont pensé pouvoir lui donner ici et là, faire un pas en avant, et un autre en arrière. Pendant très longtemps, nous avons voulu croire que nous pouvions faire un amalgame : danser dans les night-clubs le samedi soir et se rendre à l'église le dimanche matin, lire notre Bible et regarder des films pornographiques, servir Dieu et nous adonner aux plaisirs de la chair. Est-ce cela la volonté de Dieu pour ta vie ? Plus nous faisons Un avec Lui, plus Il nous accordera les désirs de notre cœur. Cela ne signifie pas, contrairement à la pensée commune, que Dieu nous accordera tout ce qui satisfera nos désirs charnels, mais plutôt qu'Il orientera nos pensées, alignera nos désirs avec les siens. Il nous guidera et sèmera en nos cœurs, des désirs qui reflètent son esprit, qui glorifient Son nom. Il nous permettra de partager la même vision, de viser les mêmes objectifs que Lui. Malheureusement, nous avons réussi à tout recentrer sur nous et à tourner l'attention sur nous. Notre Seigneur veut nous avoir pour Lui, non à des fins égoïstes ou égocentrique. Car il n'y a aucune once d'égoïsme en celui qui nous a créés. C'est seulement par pur désir d'avoir une relation étroite avec nous, voulant nous révéler Ses plans les plus secrets. Il n'a d'autre désir que de fusionner son esprit au notre, que nous redevenions Un comme au jour de la création, avant que la tentation n'entre dans le monde. Il veut reprendre sa place sur le trône de ton cœur, au centre de tes pensées. Entends-tu son cri ?

celui de l'époux qui attend impatiemment le retour de sa fiancée ?

De nos jours, aucun mariage n'est vraiment à l'image de Dieu. Aucun ne ressemble vraiment au dessein qu'il avait lorsqu'il déclarait qu'il n'était pas bon pour l'homme d'être seul et décida de lui donner une compagne. L'unité a disparu, nous devons nous rendre à l'évidence. Ce n'est pas que Dieu ait changé d'avis, pas que le mariage n'ait plus de valeur à ses yeux, bien au contraire, mais c'est simplement parce que les Hommes essaient d'appliquer leur sagesse limitée à une institution divine. Nous essayons de vivre notre relation à l'instar de la société, oubliant que le mariage n'est pas une convention humaine. Nul ne peut atteindre l'unité a moins de se laisser guider par le saint Esprit. Le problème n'est pas toujours que l'on a le mauvais mari ou la mauvaise femme ; mais il s'agit, dans bien des cas de la nécessité de redéfinir, de rétablir la base, la fondation de notre mariage. Poses-toi encore la question. Avec qui es-tu dans cette relation ? Quel esprit portes-tu ? On ne peut pas désirer la bénédiction de Dieu et refuser sa présence, à la fois. On ne peut avoir les promesses sans sa présence, car c'est la présence de Dieu qui amène les bénédictions.

Le mariage est d'abord et avant tout une question de l'Esprit. Et la plupart des mariages échouent parce que nous refusons non seulement de marcher par l'esprit, mais de le laisser agir dans nos vies. Nous devons être malléables, avoir un esprit enseignable, disposé à apprendre et à utiliser tous les outils et toutes les armes qu'Il nous aura donnés. Imagine ceci. Tu es enseignant dans une école. Juste après que tu aies donné le syllabus à tes élèves, tous rangent leurs affaires et sortent en trombe. Certains pourraient essayer de feuilleter quelques-unes des ressources suggérées, mais n'assistent jamais à ta classe, ne prennent aucune note. Pas de question, pas de devoirs, pas d'examen. Devraient-ils espérer passer en classe supérieure ? Absolument pas, tu me diras. Eh bien, pourquoi nous attendons nous à ce que nos mariages prospèrent lorsque nous ne voulons rien apprendre de celui qui sait tout, qui a toute connaissance, tout pouvoir ? Le seul architecte, seul maitre de notre destinée. Oui, c'est vrai que nous sommes dans l'ère de YouTube avec les vidéos 'self-assist', Pinterest, et autre DIY (Do It Yourself) plateformes. Une société qui n'a besoin ni de maitre ni d'enseignant, ne veut rendre de compte à personne ou ne laisse personne dicter sa vie, pas même celui qui nous a créés. On fait juste ce qui nous plaît, tant que cela nous rend 'heureux', prétendant détenir les clés de notre bonheur. Ne serait-ce pas Dieu l'Omniscient, l'Omnipotent et l'Omniprésent ? Mais nous avons, d'une façon ou d'une autre réussi à nous faire plus valoir que le maitre du ciel et de la terre. Certains prétendent même être plus puissant que lui. Et nous sommes étonnés d'entendre notre génération affirmer ne pas avoir besoin de Dieu.

Lorsque Dieu créa le ciel et la terre, il créa chaque plante, animal et autre créature avec un plan, une fonction, une mission spécifique. De même, Il créa l'homme et la femme avec une tâche particulière : peupler la terre et l'assujettir. Ils ont été créés pour vivre en parfaite harmonie l'un avec l'autre dans la présence du Seigneur. Il a utilisé son pouvoir surnaturel pour accorder à l'homme la compagne, l'aide, la vulnérabilité, la tendresse, la douceur, et plein d'autres attributs qu'Il savaient seraient indispensable à l'homme pour réaliser sa mission. Ainsi la force et le pouvoir de la femme n'étaient plus dormants en l'homme mais finalement mis en exergue, au vu et au su de tous. Ensemble, ils ont été appelés à dominer sur la terre. Il est absolument indéniable que l'homme et la femme ont tous deux une mission identique sur la terre ; cependant, les moyens d'exécution sont différents, unique à chaque genre. La femme n'a été créée ni pour remplacer l'homme ni pour lui ressembler, et vice versa. Ce n'est ni par accident, ni par préférence que leur nature est si différente et parfois semble opposée. Mais nous ne pouvons rester aveugles devant une aussi grande complémentarité. Ensemble, ils ont été appelés à porter des fruits, se multiplier, à régner sur la terre, à aimer Dieu et leurs semblables et faire des nations les disciples de Christ. C'est cela porter des fruits. Mais parce que nous avons réussi à nous placer au centre, à réduire le but de notre existence à notre propre plaisir, il s'ensuit donc une lutte de pouvoir, acharnée, entre l'homme et la femme. Nous y reviendrons dans un prochain chapitre. Pour l'heure, j'aimerais juste que l'on se focalise sur la belle image, le beau dessein que notre Créateur avait en tête, Son plan original.

Nos différences n'ont jamais eu pour objectif de ruiner notre unité. Cependant, elles ont été conçues dans le but de faciliter notre mission, la rendre complète, être une parfaite représentation du potier. Le mariage est une émanation de la Trinité. Dieu le père, Dieu, le fils et Dieu, le saint esprit, travaillant de concert, ayant une manifestation distincte, tout en réalisant le même but. Malgré nos différences d'ordre physique, physiologique, émotionnel et autre, nous sommes tous issus du même esprit. Et notre esprit devrait témoigner de l'esprit qui vit en l'autre et continuellement glorifier le Père céleste. Au-delà de nos différences, quelque peu superficielle, aux yeux de Dieu, Son nom devrait être magnifié par tous. Elles ne sont que le plan remarquable de Dieu pour nous donner un aperçu de la plénitude de son nom, de son amour pour ses enfants. Car Il est un Dieu d'équilibre et d'ordre. Chez les hommes et les femmes, nous voyons Dieu qui est fort mais doux, puissant mais compatissant, calme mais impressionnant... notre Dieu est multidimensionnel. Il a choisi de donner à l'homme une aide qui lui est semblable – en esprit, en position, en statut d'enfant de Dieu – afin que nous puissions mieux le connaitre, nous comprendre et réaliser les desseins qu'Il a pour nous. N'est-il pas le même Dieu qui guérit mais qui a cependant envoyé des plaies contre ses enfants désobéissants ? Le Dieu qui pourvoit mais qui n'a a pas hésité à laisser ses enfants dans la sécheresse et la famine ? Le père qui a expulsé Adam et Eve du jardin céleste mais qui, sans regret, a envoyé son fils unique nous racheter et son Saint Esprit pour veiller sur nous ? C'est Lui, notre Dieu. Il ne se contredit jamais, n'œuvre jamais contre Sa parole, Sa personne. Pourquoi continuer à essayer de détruire ce qu'il a construit ? Séparer ce que Dieu a uni ?

2
L'AMOUR ET LE RESPECT

Le mariage est l'une des alliances les plus importantes qui existe entre Dieu et nous. Il nous a délivrés de la malédiction du péché, nous a libérés et nous a restaurés à une situation de victoire. A cause de son amour inconditionnel, Il n'a pas tergiversé à l'idée de porter le péché du monde sur ses épaules, pour racheter notre place auprès de Lui. Lorsque nous lisons dans la Bible que Jésus est le cep et nous sommes les sarments, il ne s'agit pas de vains mots, dénués de sens. Cela signifie qu'Il fera tout ce qu'il faut pour nous garder près de Lui. Comme l'époux, qui assume la responsabilité d'aimer, de protéger et de pourvoir pour sa bien-aimée. Que pouvons-nous donc apprendre de notre Sauveur ?

Le mariage est une décision d'entrer dans une relation, de former une alliance avec une autre personne, mais aussi avec le saint esprit. Il est toujours la troisième personne dans le mariage. (Père, Fils, Saint esprit). C'est par l'esprit de Dieu que nous sommes liés l'un a l'autre. Le mariage comporte donc une très grande dimension spirituelle que beaucoup ignorent trop souvent ou en sont même inconscients. Pour eux, le mariage se passe juste entre deux personnes, comme un contrat. C'est vrai que le mariage est défini comme un contrat aux yeux des hommes, mais cette définition ne rend pas justice au plan divin, ne reflète pas du tout l'intention de notre Seigneur, car la notion de contrat sous-entend que chaque partie détermine son intérêt, prévoit une clause de rupture en cas de non-performance. L'on soumet la relation à des critères qui ne relèvent pas nécessairement des principes divins. Certes, c'est une procédure contractuelle, mais nous ne devons pas « vivre la relation » avec une mentalité contractuelle, mais plutôt comme une alliance dénuée de tout intérêt personnel, qui ne prévoit aucune date d'expiration, aucun plan B. Le mariage est une alliance sacrée car provenant de Dieu. Nous ne pouvons rester dans cette sphère juridique et souvent egocentrique, qui donne plein pouvoir à l'un ou à l'autre de jeter l'éponge dès les premiers signes de naufrage. Nous sommes obnubilés par les termes du contrat, qui aura la plus belle part du gâteau ? Certains prévoient les clauses de rupture avant même d'avoir signé l'accord de mariage. On garde quelques chaussures devant la porte au cas où nous devrons filer, une meilleure opportunité se présentant. Il n'est point question de se soumettre à Dieu, de lui plaire. Il ne s'agit que de nos besoins immédiats, désirs égoïstes. Le mariage apparaît aujourd'hui plus comme une transaction, un arrangement, une finalité. L'amour dure aussi longtemps que le printemps. Les gens tombent amoureux, se marient et divorcent encore plus vite. Ainsi va la vie. N'est-ce pas ? Subitement, les différences deviennent irréconciliables ; ignorant que ces différences étaient précisément la raison pour laquelle nous nous sommes épris d'amour. Comment pouvons-nous ignorer le fait que les hommes et les femmes ont toujours été et seront toujours différents ? Et ces différences ne sont autre que l'expression de la souveraineté et du pouvoir de Dieu. Seul Lui peut créer une aussi belle synergie entre deux êtres fondamentalement différents. Il est vraiment le seul à pouvoir nous unifier, et maintenir ce pont entre l'homme et la femme.

Parlant de différences, rappelons-nous que notre nature de pécheur ne pourrait pas être plus opposée à celle de Christ. Nous sommes tout ce que Dieu n'est pas. Malgré tout cela, Il a choisi de nous aimer sans condition, donnant sa vie pour nous. Lequel d'entre nous pourrait prétendre être digne d'un tel amour ? Pourrions-nous prétendre avoir une quelconque similarité avec le Seigneur des Seigneurs ? Comment peut-Il nous appeler Son épouse, en dépit de nos défauts, nos imperfections ? Que voit-Il en nous ? Laisse-moi te dire l'un des plus grands mystères du mariage. Notre Dieu n'aime absolument rien en toi ou moi. Car nous sommes égoïstes, fiers, arrogants, menteurs, infidèles, irrésolus dans toutes nos voies. Mais Il nous aime, non pas pour ce que nous faisons ou disons, simplement parce que nous Lui appartenons. Oui, notre Dieu nous aime parce que nous avons été créés par Son Esprit. Il choisit de faire fi de nos défauts, nos faiblesses et nos lacunes, et nous offrir Son amour qui est assez patient, assez grand pour espérer en nous, attendre de voir nos cœurs se tourner complètement vers Lui.

Lorsqu' Adam a vu Eve pour la première fois, Il n'a fait aucune remarque concernant son apparence physique ou ses compétences ; Il l'a seulement regardée avec les yeux de l'esprit. Il l'a acceptée comme sa moitié, une partie de lui. Il a su reconnaitre le saint esprit en elle... Quel esprit portes-tu ? Quelqu'un peut-il te regarder et reconnaître Christ en toi ? Eve était une partie intrinsèque d'Adam. Elle était sienne, tout comme nous appartenons à Christ. Le Seigneur nous aime tels que nous sommes et son amour doit susciter en nous le désir d'être comme lui. Un amour qui protège toujours, espère toujours, a toujours confiance, et persévère[9]. L'amour de Dieu ne fait jamais défaut. Son amour est patient, aimable, désintéressé, indulgent, encourageant. Et c'est ce genre d'amour qu'Il nous invite à développer pour notre conjoint. Mais seul, il nous est totalement impossible d'y arriver, d'où la nécessité de rechercher sans cesse la présence de Dieu, dans chacune de nos actions, relations et dans chaque aspect de notre vie. L'amour des hommes est fugace, et ne peut subsister devant les difficultés. Un amour impatient, égoïste, méfiant, limité et conditionnel ne sera jamais en mesure de tenir quand viendront les tempêtes, la déception ou les échecs.

Dieu créa l'être humain. Il créa aussi le mariage. C'est ainsi qu'Il a appelé la relation qu'il cherche à avoir avec nous. L'époux et son épouse, Christ et l'église. Homme et femme, il les a créés pour refléter cette relation à un niveau plus intime. Sans Dieu, il n'y a point de mariage. Malheureusement, nous assistons de plus en plus à la

---

[9] 1 Corinthiens 13 :4-7

désacralisation de l'institution du mariage, la perversion et la corruption du monde. Nous avons abandonné la notion d'engagement véritable, de sacrifice au profit des « relations de « guichet » avec un grand signe, posté à la porte d'entrée mais signalant aussi la sortie. C'est ce mariage que le monde veut, parce qu'il exige très peu ou même aucun effort de l'une ou l'autre partie. Nous restons ensemble, aussi longtemps que nous pouvons en tirer un quelconque profit. On jette l'ancien pour plus neuf, ne voulant point s'embarrasser à faire des réparations, ou produire les efforts nécessaires. Comme on le dit "à quoi sert de changer l'ampoule si on peut acheter une nouvelle lampe ?". Et les croyants aussi n'ont plus aucune honte à adopter pareil comportement, tout simplement parce qu'on perdu de vue l'essentiel, la dimension spirituelle du mariage, celui avec qui on a tissé cette alliance. Dieu est passé du principal à l'accessoire, de l'exigence à l'optionnel. Le concept de la Trinité devenu trop difficile à comprendre, à répliquer.

Le perçois-tu, comment nous abordons la question du mariage de nos jours ? Comme un passager voyageant à bord d'un avion. Et dès que l'avion décolle, il décide de jeter le pilote par-dessus bord. Oui, vous trouverez mon illustration extrême, très radicale, mais c'est exactement ce qui se passe dans bon nombre de mariages. Nous prions pour un conjoint, et dès que les choses semblent se dessiner, nous n'éprouvons plus le besoin de nous en remettre à Dieu. Nous préférons tenir les rênes et tout planifier selon notre agenda. Comme un employé dont on n'a plus besoin, on fait vite de se débarrasser. Laisse-moi te dire, notre Seigneur n'est aucunement intéressé par un ménage à trois dans le sens littéral du terme, mais ce qu'Il demande, c'est une relation spirituelle avec Lui. Il a Sa place dans nos vies, dans nos relations conjugales. Il est celui qui donne les directives et nous suivons, pas comme un tyran ; mais avec l'amour parfait que seul Lui sait manifester. Il espère nous faire vivre une relation épanouie et équilibrée. Elle n'est pas équilibrée en raison de nos capacités ou de notre nature, mais grâce à Dieu. C'est Lui qui donne à juste mesure, c'est Lui qui apporte la stabilité dans notre vie. Il ne demande pas que nous lui offrions notre cœur à moitié, mais notre être tout entier parce qu'il veut le meilleur et nous donne aussi le meilleur.

"L'amour fait toujours confiance". L'amour n'est ni abusif, ni trompeur ; il n'asservit ni ne domine. L'amour ne contrôle pas, ne possède pas. Il ne recherche pas son propre intérêt. C'est une décision personnelle de renoncer à tout ce qui pourrait nuire ou affecter le bien-être de l'autre. Lorsqu'un parent décide d'arrêter de fumer ou de boire à cause de la santé de son enfant, nous disons que c'est de l'amour. Si quelqu'un donne un de ses organes pour sauver la vie d'un inconnu, nous reconnaissons là aussi l'amour. L'amour est une constante décision que nous prenons d'« étaler » notre cœur aux pieds de Jésus en ayant la foi qu'Il nous couvrira, nous protégera et prendra soin de nous. Pourquoi faisons-nous confiance à Dieu ? Parce qu'il a prouvé qu'il était digne de confiance, n'est-ce pas ? Aujourd'hui, je te demande d'inviter l'esprit de Dieu à sonder ton cœur, tes pensées tous les aspects de ta vie et demande Lui de faire briller Sa lumière, de te sanctifier, de te faire vivre dans la sainteté. Dieu est Amour mais Il est aussi le Dieu de Vérité. En lui, il n'y a point de zone d'ombre, aucune trace de mensonges. Si on le met au premier plan de notre vie, nous avons la garantie qu'Il ne nous abandonnera jamais, ne nous décevra jamais, nous gardera toujours sur le chemin de la vie éternelle.

Combien de fois as-tu lu ou entendu cette phrase « faire confiance à Dieu concernant le choix du conjoint" ? Bien qu'Il y ait beaucoup de paramètres à prendre en considération, cette affirmation comporte une grande vérité. En effet, Dieu ne mènera pas ton conjoint devant le pas de ta porte, quoiqu'Il l'ait fait pour certains, mais si nous nous remettons entièrement à Lui, Il saura nous guider sur le droit chemin. Comme il l'a fait avec Adam et Eve, il ne te dira certainement pas de façon audible "Oui cet homme est ton mari ou cette femme, ton épouse", mais cette affirmation sert de rappel, tant que nous vivons, cherchant à plaire à Dieu, suivant ses instructions, se soumettant à sa volonté plutôt que de lui présenter notre agenda, attendant ensuite qu'Il y mette son sceau d'approbation, nous apprendrons comment reconnaitre son esprit en celui ou celle avec qui il nous unit pour la vie. Son esprit en nous, saura nous faire discerner la chair de notre chair, l'os de nos os.

L'amour est patient. Nous devons être patients et savoir comment attendre le Seigneur. Trop souvent, nous nous précipitons dans des relations, nous laissons submerger par nos émotions, nos sentiments, nous allons au-devant de Lui et ensuite lui faisons porter le chapeau lorsque tout chavire. Je me réfère constamment à l'exemple d'Adam et Ève, parce qu'ils illustrent le plan de Dieu nous concernant. Adam n'a jamais forcé Dieu à lui donner une femme – en fait, il ne lui a jamais demandé de lui en accorder une—Adam lui même ignorait qu'il avait besoin d'une femme. Le Seigneur, dans son omniscience, sa sagesse infinie et sa grande bonté a décidé de son propre chef, de lui donner une compagne. La beauté dans tout cela réside dans le fait que Dieu n'en ait soufflé mot à Adam, mais en vertu de la relation qu'ils avaient tous les deux, l'amour et la confiance qui existaient, le Père était sûr qu'Adam aurait foi en son jugement, en sa décision. Bien sûr, lorsqu'il se réveilla de son sommeil et vit Eve, Il a prononcé les mots que nous désirons tous entendre, au moins une fois dans notre vie, "Tu es mienne", "Je t'aime ". Je suis certaine que si le Seigneur n'était pas présent, la réaction d'Adam réaction aurait été l'opposée de celle-ci. Il se serait probablement exclamé de la sorte "Qui es-tu ?", "Que fais-tu là ?". Mais comme le mot Amour était représenté en la personne de notre Seigneur, la confiance avait rempli leurs cœurs, bien qu'ils ne se soient jamais vus auparavant. L'amour qu'ils avaient l'un pour l'autre n'était pas charnel mais purement spirituel. Unis par le Père. Leur connexion était spirituelle. Comme je l'avais souligné au préalable, Dieu n'est aucunement intéressé par une relation charnelle avec nous. Il est esprit et c'est uniquement lorsque nous choisissons de marcher selon l'esprit que son plan, sa volonté parfaite pour nous s'accomplit. En revanche, si nous optons pour les désirs ou plaisirs charnels, nous ferons de mauvais choix, seront égarés et nos différences ne sauraient devenir encore plus apparentes voire irréconciliables. L'ennemi veut que nous marchions constamment dans la chair. C'est le seul moment où il a plein pouvoir pour nous corrompre et nous tromper. Son plan est de nous éloigner de la présence de Christ et nous pousser à nous concentrer sur les futilités de ce monde. Nous ne devons pas oublier que nous ne sommes pas de ce monde, Jésus a payé le prix afin que nous récupérions notre position dans le Royaume des Cieux. Satan n'est pas après tes possessions, il est après ta position ; il fera tout ce qu'il peut pour te détourner des choses de DIEU.

Dans le chapitre précédent, j'ai souligné l'importance pour nous d'adorer le Seigneur en esprit et en vérité. L'amour est le fruit de l'Esprit. On ne peut donner ce que l'on a. Si nous sommes remplis du saint esprit, son amour débordera en nous. Nous ne pouvons ressentir de l'amour que lorsque nous sommes plein du fruit de Son esprit. L'amour est une personne, pas une émotion. Certes, nous ressentons la présence de Dieu, mais ne confondons pas sa personne avec un sentiment, une émotion. Chaque fois que nous prononçons ces paroles « Je ne t''aime plus », ou «je ne suis plus amoureux», nous déclarons simplement que le Saint-Esprit n'est plus présent dans notre mariage. Et cela peut paraitre tout à fait normal que l'on souhaite mettre un terme à la relation. Aurais-tu oublié que le mariage est une « affaire spirituelle » ? Je ne cherche pas à être super religieuse, mais si cela n'était pas le cas, crois-tu qu'Il nous appellerait Son épouse ? Nous devons marcher selon l'esprit pour expérimenter la grâce du mariage, la plénitude de l'amour de Dieu. Regarde ce que se passe dans le monde aujourd'hui, tant de haine, de violence, de division ; nos différences sont amplifiées rien que pour semer l'inimitié. Nous ne pouvons pas aimer nos voisins parce que nous marchons dans la chair. La même chose arrive avec notre conjoint. Nous sommes déterminés à mettre en exergue leurs faiblesses, à les amplifier. Nous n'avançons plus ensemble comme une paire, mais plutôt comme des adversaires. La clé d'un mariage réussi dépend uniquement de l'état de notre relation avec le Seigneur. Tout ce qu'Il nous demande c'est de l'Aimer, le respecter, honorer notre engagement avec Lui. Trop souvent, nous recherchons sa main qui bénit plutôt que sa face qui illumine. Il est plus facile de l'adorer, le louer quand tout marche comme sur des roulettes. Si notre amour pour Dieu – qui est Saint et parfait – est conditionnel, basé sur nos émotions du jour ou les récompenses que nous pouvons obtenir, comment penses-tu que notre relation avec notre conjoint serait ? Aujourd'hui est une opportunité de faire un bilan. Quel est l'état de ta relation avec Christ ? Occupe-t-Il le premier rang de ta vie ou vient-il juste a la fin ?

Sais-tu pourquoi Dieu se réfère à nous comme son épouse ? Nous le savons tous très bien, il n'a aucunement besoin d'une épouse, mais c'est la seule façon de nous faire participer aux 'affaires' du Royaume. Quand nous acceptons Jésus Christ comme Seigneur et sauveur, nous devenons Un avec Lui "*Je ne vis plus, mais c'est Christ qui vit en moi...*" (Galates 2 :20). Par conséquent, à cause de son esprit qui demeure en nous, nous parvenons à naviguer les obstacles et les défis qui se présentent à nous. Ainsi, nous serons en mesure de déceler son esprit à travers les autres, et lorsque nous nous marions, nous pourrions faire confiance, non pas au caractère ou qualités de la personne, mais confiance en l'esprit de Dieu vivant en elle. Car la Bible déclare : « *Maudit soit l'homme qui se confie dans l'homme, Qui prend la chair pour son appui, Et qui détourne son cœur de l'Éternel !*[10]. » Et si on remettait les choses en perspective ? "*Soumettez-vous les uns aux autres par révérence pour le Christ. Femmes soumettez-vous à votre propre mari comme vous le faites au Seigneur. Car le mari est le chef de l'épouse car le Christ est le chef de l'église, son corps, dont il est le Sauveur. Maintenant que l'église se soumet au Christ, les épouses doivent aussi se soumettre à leur mari en tout. Maris aimez vos épouses, tout comme le Christ a aimé l'église et s'est donné pour elle...* (Éphésiens 5 :21-25). Pour que la relation entre mari et femme prospère, elle doit être fondée sur Christ. C'est Lui notre modèle. C'est à Lui que nous nous soumettons ; C'est Son amour en nous qui nous permet de tenir, de persévérer, en dépit des failles, des faiblesses ou des erreurs. Je peux te dire combien de

---

[10] Jérémie 17 :5

fois mon mari a pu briser ma confiance même sur des choses banales ? Il pourrait en dire de même, me concernant. Tous les deux, nous avons certainement posé des actes, qui, bien des fois, auraient pu ou ont semé le doute et l'incertitude dans nos esprits, qui ont pu nous inciter à nous poser des questions sur notre relation. La réalité est la suivante : nous sommes tous des humains, faits de chair. Tous, nous commettons des erreurs, certaines plus difficiles à pardonner que d'autres. Chacun de nous à un moment donné a surement pris des décisions ou commis des actes en totale contradiction avec la parole de Dieu. N'est-ce pas ? Mais pourquoi est-ce que j'en parle ? Simplement, parce que j'aimerais que l'on se rappelle ou que l'on comprenne, pour certains, que notre devoir conjugal, notre responsabilité en tant qu'époux ne sont pas déterminés par notre degré de perfection. Ils découlent de la parole de Dieu qui est Vie, et seul l'Esprit saint peut nous permettre d'appliquer à la lettre ces principes. De notre relation avec le Père, nous apprenons à développer une relation étroite avec notre partenaire, nous apprenons à écouter, entendre, comprendre, aimer et respecter. Nous apprenons également à apprécier l'autre non pas pour l'être parfait qu'il est, non pas pour ce qu'il fait. En effet, nous devons apprendre à aimer l'autre juste en qualité d'époux. J'aime mon très cher, pas parce qu'il est grand, beau, parce qu'il m'aime, me protège ou pourvoit pour notre famille. Je l'aime parce qu'il est mon époux, celui que j'ai choisi d'aimer pour le restant de mes jours. Celui à qui j'ai fait la promesse d'aimer, d'honorer et de chérir jusqu'à la fin, sous la direction du

Dieu Très Haut. Certes, les hommes et les femmes ont tous deux leurs rôles à jouer, des obligations à assumer. Mais nous nous aimons les uns les autres parce que nous aimons Dieu.

Je sais ce n'est que le début de notre petite aventure ensemble, mais avant que nous allions en profondeur, j'aimerais que l'on prenne un petit temps afin de rechercher la face de Dieu. Si tu ne l'as pas encore accepté comme Seigneur et Sauveur, il n'est pas tard. Dis-Lui, avec tes propres mots que tu veux le connaître, dis-lui qu'Il a une place dans ton cœur et qu'Il est le bienvenu. Dépose tout à ses pieds. Il ne te rejettera pas. Si tu l'as déjà accepté comme Seigneur, mais as encore du mal à lui donner le contrôle total sur ta vie, ta santé, ton mariage, tes finances, ta carrière, tes enfants, etc... quel que soit le cas, tu peux choisir des aujourd'hui de marcher dans une nouvelle direction. Dis seulement ceci : Seigneur Jésus, que ta volonté se fasse dans ma vie.

Dans ce monde chaotique, plein de confusion, de haine et de désespoir, Jésus Christ est notre seul espoir. Par lui, nous sommes dignes d'amour, d'honneur et de respect. *Cherche premièrement le royaume de Dieu et sa justice et le reste te sera donné par-dessus tout* [11]. Nous manifestons de l'amour à l'égard de Dieu en obéissant à ses commandements, en honorant Sa parole et en nous soumettant à son Esprit.

---

[11] Matthieu 6 :33

3
NUS ET SANS HONTE

" *L'homme et sa femme étaient tous deux nus, et ils n'en avaient point honte.*" (Genèse 2 :25) Nus. Sans aucun vêtement. Sans dissimulation ou déguisement. Sans aucun embellissement. " *Il s'est élevé devant lui comme une faible plante, Comme un rejeton qui sort d'une terre desséchée ; Il n'avait ni beauté, ni éclat pour attirer nos regards, Et son aspect n'avait rien pour nous plaire*[12]." Créés à l'image de notre Seigneur, nous venons dans ce monde, nu sans aucun embellissement, sans lotion ni maquillage, sans parure ni ornement. Tout nu, complètement découvert, avec pour seule couverture la protection de Dieu. A L'origine homme et femme vivaient tous deux, ensemble dans une unité presque parfaite, sans péché ni souffrance. Ils n'avaient pas honte de leur nudité. Ils vivaient dans la plus grande confiance, transparents et ouverts n'éprouvant aucune crainte à se montrer vulnérable, jusqu'à ce que le serpent réussisse à s'infiltrer et à semer le doute et la honte créant ainsi division, méfiance et culpabilité.

    Je me suis si souvent demandé pourquoi Adam a

---

[12] Esaïe 53 :2

écouté sa femme et s'était laissé ainsi prendre au piège de l'ennemi ? Difficile d'imaginer ce qui a dû lui passer par l'esprit à cet instant. Et j'ai le sentiment que bon nombre d'entre nous se sont aussi posé cette question. Certains iraient même jusqu'à hurler « Adam, n'est-ce pas à toi que Dieu a donné les instructions ? Comment peux-tu te laisser duper de la sorte ? » ne t'es-tu jamais posé la question ? Mais à quoi cela servirait-il de ressasser tout cela ? Le fait est qu'ils ont été trompés et ont été expulsés du jardin et nous voilà, des milliers d'années plus tard, dans ce monde, à récolter les fruits du péché. J'aimerais revenir quelque peu sur ce détail, non pas pour remuer le couteau dans la plaie, mais parce que je pense que ce « détail « est plus qu'important car il nous aide à mieux cerner l'origine de la méfiance, disons même la rivalité ou le ressentiment profond qui existe entre les hommes et les femmes. En effet, depuis ce jour nous en subissons encore les conséquences. Ce jour noir comme on pourrait l'appeler, où l'homme et la femme se sont vus non pas comme une unité, un noyau, un même corps mais ils ont été presque forcés à s'identifier comme deux êtres distincts, séparés l'un de l'autre, presque adversaires. Jetant le blâme l'un sur l'autre, ils n'ont jamais réussi jusqu'à ce jour à regagner cette intimité, quasi parfaite, vivant jusque lors dans la méfiance, la suspicion, la peur et la honte. Les hommes blâment les femmes, pendant que ces dernières en veulent aux hommes de n'avoir pas su tenir ferme, pour avoir failli à leur devoir. Je me suis également posée la question, me demandant mais pourquoi est-ce que

Adam n'a pas pu tenir ferme devant sa femme ? Comment se fait-il qu'il se soit laissé si facilement entrainer dans ce faux coup ? J'ai même pensé que si Adam avait été plus ferme, tout ceci ne serait jamais arrivé. Mais le Seigneur m'a interpellée et m'a fait comprendre la réalité suivante. Il m'a dit : « tu vois, c'est ici que vous faites erreur. C'est justement ce point crucial que vous ne comprenez pas et qui fait l'objet des conflits entre mari et femme. » Et il a ajouté : « Adam a mangé le fruit, non par faiblesse, ou parce que sa femme le contrôlait ; il a mangé parce qu'il avait pleinement confiance en elle. Certes, ils ont désobéi à ma parole, mais ne soyez pas dupes. Remarquez plutôt la beauté de leur relation. Aucun d'eux n'avait de doute concernant l'autre. Ils n'entrevoyaient aucune possibilité que l'un veuille du mal ou puisse causer du tort à l'autre ». En effet, la relation d'Adam avec Eve était exactement ce que Dieu avait planifié. Le lien entre les deux était si profond, si fort, dépourvu de fausseté, de malice ou de rivalité. Ils avaient compris que tous deux étaient une même entité, avaient le même but, la même mission. Ceci n'est en aucun cas une exhortation à commettre un péché à l'unisson, mais juste que nous comprenions le plan de Dieu s'agissant de la relation entre mari et femme. Amour. Respect. Unité. Confiance.

    Adam et Eve avaient confiance l'un en l'autre. Tous deux avaient conscience de leurs rôles, leurs responsabilités, leurs obligations, leur position. Eve avait prouvé qu'elle était digne de confiance, fidèle, respectueuse, sage et courageuse. Une femme et une mère aimante et chaleureuse : La femme vertueuse citée dans Proverbes 31. Nombreux sont ceux qui aujourd'hui pensent que tant que l'homme n'écoute pas les conseils de sa femme, il évitera tous les problèmes du monde. Mais ceci est l'un des plus grands mensonges du diable pour causer encore plus de division, de méfiance et de rivalité entre homme et femme, les pousser à vivre dans le secret. Nous sommes forcés de reconnaitre que la communication entre mari et femme ou même entre homme et femme, en général semble être brisée. Le problème est le suivant : la communication avec Dieu avait été rompue, ce qui a permis au serpent de murmurer des mensonges à Eve. Dès l'instant où homme et femme s'éloignent de la présence de Dieu, ils perdent leur couverture, leur protection. Ils ne sont plus en mesure d'entendre la voix de Dieu et très souvent empruntent un chemin qui mène à la désolation et au regret. Notre Dieu n'a jamais eu pour intention de nous laisser seuls, sans protection. Il est notre couverture. Mais chaque fois que nous baissons la garde, chaque fois que nous nous éloignons de Lui, nous sommes soumis aux pièges de l'ennemi, à ses mensonges perfides, sans aucune lumière pour nous aider à discerner le vrai du faux. Nous cédons au diable cette place qui était uniquement réservée à Dieu. Ne dit-on pas « la nature a horreur du vide » ? Eh bien, laisses ton cœur être rempli de l'amour de Dieu, sois rempli de son esprit, de sa lumière afin qu'il n'y ait aucun espace vide pour l'ennemi. Dieu est assez grand pour occuper ton cœur. Il te veut, rien que pour Lui. Il

veut que tu aies une relation plus intime avec Lui. Que tu lui fasses confiance et n'aie pas honte de partager tes plus grandes joies, tes plus grandes peines, tes faiblesses et tes désirs. Il ne te jugera pas, ne te condamnera pas. Il ne te laissera pas, ne t'abandonnera pas. Son amour pour toi n'a pas de fin.
" *Sache donc que c'est l'Éternel, ton Dieu, qui est Dieu. Ce Dieu fidèle garde son alliance et sa miséricorde jusqu'à la millième génération envers ceux qui l'aiment et qui observent ses commandements* [13]".

L'amour fait confiance. Nous ne pouvons pas prétendre aimer Dieu et ne pas avoir foi en Lui. Et nous ne pouvons pas non plus aimer Dieu sans le connaitre. C'est l'erreur que nous faisons trop souvent. Beaucoup de gens prétendent aimer Dieu, mais dès que les obstacles, les difficultés surviennent, ils se détournent de Lui. Certains ont simplement cette idée erronée que Dieu est juste un tyran qui veut nous dicter comment vivre notre vie. Mais nous savons bien que telle n'est pas la réalité. Notre Seigneur nous appelle en eaux profondes, là où il n'y aura ni méfiance ni honte, ni doute, ni peur. Il veut nous apprendre à communiquer avec Lui (par la louange, la prière et l'adoration), à nous ouvrir à Lui, exprimer nos sentiments les plus cachés, demeurer dans sa présence, méditer sa parole. Mais pour y parvenir, nous devons lui ouvrir notre cœur. Nous devons accepter d'être honnête, vulnérable et transparent. Complètement nus. Nus avec nos sentiments et nos émotions, nos pensées et nos actions, nos luttes et nos défis, nos espoirs et nos

---

[13] Deutéronome 7 :9

craintes. Une chose que nous devons faire sortir de notre esprit est l'idée que Dieu est ce grand tyran qui nous regarde de haut, cherchant la moindre faille pour nous punir, ou encore qu'il soit ce grand barbu qui nous épie constamment avec un air dégoûté. Il est clair que nos paroles ou nos actions peuvent attrister le Saint Esprit (*Éphésiens 4 :30*), mais rappelle-toi, rien de ce que toi et moi faisons ne peut le surprendre ou le choquer. C'est Lui qui nous a créés ; Il connaît chacune de nos pensées avant même que nous n'ouvrions la bouche " *Éternel ! tu me sondes et tu me connais, Tu sais quand je m'assieds et quand je me lève, Tu pénètres de loin ma pensée ; Tu sais quand je marche et quand je me couche, Et tu pénètres toutes mes voies. Car la parole n'est pas sur ma langue, Que déjà, ô Éternel ! tu la connais entièrement.*[14] » Gardant cela à l'esprit, venons humblement devant Son trône de gloire, tels que nous sommes, avec nos échecs et nos imperfections, sans jamais porter le poids de la honte. Car c'est cela le plan de l'ennemi, que nous nous sentions si coupables, si impardonnables que nous cherchions à nous cacher de la face de Dieu, nous éloigner davantage de Lui. Mais Dieu nous connait ; il connait tous les recoins de notre esprit, nos pensées les plus enfouies, mais il attend que nous venions à lui chaque fois qu'Il nous appelle, sans chercher à nous couvrir, sans chercher à corriger par nous même les erreurs commises. C'est Lui l'époux. Il veut que nous lui donnions accès à chaque partie de notre être. Il n'y a pas d'intimité sans vulnérabilité. C'est également ce qu'il nous appelle à

---

[14] Psaume 139 :1-4

vivre avec notre conjoint. Je ne le dirai jamais assez, le mariage entre homme et femme est censé être une réplique de notre relation avec Christ. Mais tant que nous ne réalisions pas ceci, nous nous évertuerons sans succès à vivre une relation selon des attentes qui ne nous ont jamais été imposées. Nous essaierons de construire quelque chose qui n'était jamais prédestiné.

L'Unité n'est pas un nouveau concept que Dieu a décidé d'ajouter pour nous rendre la vie difficile. C'est ce à quoi Il nous appelle. C'est un Dieu d'amour et de paix. Et il ne peut avoir d'unité sans amour tout comme l'amour est la seule chose qui nous lie aux autres. Dès lors que nous nous éloignons de la présence de Dieu, tous nos sens sont affectés, nous perdons la vision, notre sens de l'odorat, notre ouïe spirituelle ; notre système ne peut donc plus détecter les pièges, les bombes que l'ennemi place sur notre chemin. Nous devenons complètement déboussolés, incapables de discerner ceux qui sont avec nous ou ceux qui sont contre nous. Incapables de reconnaître l'allié en la personne de notre conjoint. Comprends-tu que l'unité est la seule chose qui nous permet de réaliser cette mission que Dieu nous a confiée ? Ces commandements ne sont pas une punition ; ils sont simplement établis pour nous aider à marcher sur le chemin victorieux que Christ a déjà pavé pour nous, nous empêcher de reproduire les mêmes erreurs et briser le lien, l'amour et la confiance qui existe entre nous. Nos problèmes conjugaux ne sont pas toujours liés à nos différences, à nos besoins ou à nos exigences. Dans certains cas, les désaccords proviennent du fait que nous ne sommes pas en alignement avec la volonté parfaite de Dieu, avec Sa parole, avec Son esprit.

Pendant de nombreuses années, j'ai souffert de maux de dos. Très récemment, j'ai découvert que ma colonne vertébrale n'était pas dans la bonne position. Grace à l'aide d'un chiropraticien, l'on essaie de repositionner les vertèbres ou articulations disloquées. C'est exactement ce qui se passe lorsque nous ne sommes pas à notre place, lorsque nous ne sommes pas dans la présence de notre Seigneur. Nos sens ne reçoivent pas le signal, les nutriments qu'ils sont censés recevoir, et cela crée des disputes, des blessures, des incompréhensions. Seul Jésus Christ permet à notre relation de rester sur le droit chemin, dans la bonne direction. Plus nous sommes éloignés de Sa parole, de Son esprit plus nous serons éloignés l'un de l'autre. Nos différences seront d'autant plus amplifiées et pourraient devenir irréconciliables. Seul le Saint Esprit fusionne les deux êtres distincts que sont l'homme et la femme. Mais nous devons également comprendre que chacun des deux a une force indéniable et c'est seulement ensemble qu'ils réussiront à peupler la terre, la dominer et l'assujettir. Nous faisons partie d'un même corps. Nous appartenons à la même équipe. Il ne doit y avoir ni compétition, ni adversité, ni jalousie, ni envie. Si l'un gagne, c'est l'équipe qui gagne. Si l'un tombe, toute l'équipe est en péril. Alors, si nous appartenons au même corps, devrions-nous avoir honte l'un de l'autre ? Peux-tu imaginer prendre une douche tout en essayant de cacher ta nudité à tes yeux ? Ridicule, n'est-ce pas ? Eh bien, pourquoi donc les couples mariés le font-ils ? Pourquoi refusons-nous de nous dénuder, d'accepter d'être vulnérables devant l'autre, sans éprouver de gêne ou de honte ? Ne sommes-nous pas capables de rester nus (physiquement, émotionnellement et spirituellement) devant notre conjoint ? Complètement nus, sans masque, sans artifice, n'ayant aucune crainte d'être, jugé, critiqué, rejeté ou ridiculisé ? Que faudrait-il pour que nous soyons ouverts et puissions révéler nos rêves, nos objectifs, nos défis, nos tentations ou nos faiblesses? Chaque fois que nous refusons d'être transparents avec l'autre, cela ne nous rend ni plus fort, ni plus intelligent, ni plus riche, ni meilleur. Au contraire, cela peut devenir très débilitant. Nous empêchons l'autre d'atteindre son potentiel et d'apporter dans notre vie cette richesse que Dieu a placée à l'intérieur d'eux. Nous leur ôtons leur raison d'exister, réduisons leur champ d'action, rendant invalide la promesse que l'on s'est faite.

Hommes et femmes, tous deux ont leur rôle à jouer dans la relation. Et Dieu ne fait jamais de connexion vaine. Personne ne doit se sentir négligé, laissé pour compte, abusé ou exploité. C'est ensemble qu'ils sont appelés à combiner à la fois leurs forces et faiblesses pour remplir une mission plus grande qu'eux : rendre gloire au Créateur. Être nus est la condition sine qua non pour atteindre cette unité parfaite, cette totale fusion ; que l'on devienne incapable de les distinguer séparément, incapables de semer la division entre eux.

Lorsque nous acceptons Jésus dans nos vies, nous devenons une nouvelle créature avec une identité nouvelle, une approche nouvelle des choses. Cela suggère aussi que quiconque nous voit doit pouvoir Le reconnaître à travers nous. Nous devons devenir si inextricablement liés, que rien ni personne ne pourra nous séparer. Mais si nous sommes paralysés par la honte, par la peur ; si nous sommes incapables ou refusons d'être nus l'un devant l'autre, corps, esprit et âme, alors, nous laissons la porte grande ouverte à l'ennemi, pour entrer et diviser.

Avoir honte ? Qu'est-ce que cela signifie ? La honte pourrait être traduite comme étant la crainte d'être découverts ou exposés. Mais reconnaissons que la définition que la société donne à certains mots ou certains concepts est parfois, sinon trop souvent en contradiction avec la définition divine ou le plan de Dieu. Dans le dictionnaire, « Nu » signifie exposé, découvert. « Exposé » signifie aussi « qui n'est pas protégé ». Par conséquent, « nu » pourrait être défini comme « celui qui est sans protection ». Comment donc ne pas comprendre la hantise que nous avons tous d'être nus ? Qui pourrait accepter de vivre sans protection ? Voici pourquoi ils sont nombreux, ceux qui refusent de se dévêtir, d'être vulnérable ? N'oublions pas : nous sommes dans le monde, mais nous ne sommes pas de ce monde.[15] Alors, nous ne nous appuierons pas sur cette définition, cette façon d'appréhender les choses, mais plutôt sur la vérité,

---

[15] Jean 17 :16

contenue dans le Livre de Vie, la parole de Dieu. Bien que nous soyons nus ou « exposés », nous n'aurons point de crainte. Car nous savons que Dieu nous protège. C'est Lui notre couverture. « *Il te couvrira de ses plumes, Et tu trouveras un refuge sous ses ailes* [16] » Dieu est amour, et nous savons que son amour nous protégera toujours. Le seul moyen pour nous d'être nus mais nous sentir protégés, en sécurité, est là, sous ses ailes, en Sa présence. Le seul endroit où nous pouvons avoir une relation sûre, c'est à l'ombre du Dieu tout-puissant. Celui qui " *Celui qui demeure sous l'abri du Très-Haut Repose à l'ombre du Tout Puissant* [17]". En sa présence, nous ne devons avoir aucune crainte[18] d'être exposés, découverts ou en danger. C'est Lui notre protecteur, notre défenseur. Il nous invite à nous revêtir de l'armure de Dieu, afin de tenir ferme face aux attaques du méchant[19]. C'est un devoir individuel et à la fois une responsabilité commune en tant que mari et femme. Nous nous engageons à vivre selon les principes divins, à inviter le Saint Esprit en permanence, dans nos vies, dans nos cœurs. Mais quel est le lien entre notre nudité et la certitude que l'on a d'être protégés ? Certains d'entre nous n'ont sûrement pas de problème à croire que Dieu les protégera contre tout, mais ils ne seraient pas en mesure d'en dire autant au sujet de leur conjoint. Es-tu le plus grand critique ou le plus grand supporter de ton conjoint ? As-tu tendance à relever ses défauts plutôt que ses qualités ou t'est-il

---

16 Psaume 91 :4
17 Psaume 91 :1
18 2 Tim. 1 :7
19 Eph. 6 :11

simplement difficile de lui faire confiance ? Encore une fois, il nous est plus facile de faire confiance à Dieu parce qu'il s'est toujours montré fidèle et digne de confiance. Cependant, certains couples n'ont pas du tout ce sentiment lorsqu'il s'agit de leur conjoint. Soit parce qu'ils n'arrivent pas eux même à discerner le saint esprit à l'œuvre, soit parce que leur partenaire ne pose aucun acte qui témoigne de la présence de Dieu en eux. C'est vrai que nous sommes dans un monde beaucoup plus focalisé sur les apparences que la réalité. On préfère prétendre, passer pour ce que l'on n'est pas plutôt que d'être authentiques, sincères.

Face à toutes ces crises, devant ces questions telles que «la crise identitaire », « la neutralité de genre », les mariages de même sexe, droits à l'avortement, liberté d'expression ou de religion, et plus encore, nous constatons amèrement le changement de paradigme. Il devient de plus en plus difficile d'exprimer ses idées, ses vues, ses opinions ou ses croyances, sans se sentir jugé, rejeté ou marginalisé. Comment donc trouver une personne qui soit digne de confiance ? Avec qui partager ses défis, ses frustrations, ses désirs ou ses besoins ? Tout d'abord, permets-moi de te dire ceci : tu ne pourras jamais trouver une personne sur cette terre méritant ta confiance à 100%. Tu ne trouveras sûrement pas cet ami fidèle et parfait, ce super compagnon, conjoint extraordinaire qui sera toujours à tes cotes, pour te supporter, t'encourager, ou te remonter le moral. Mais tu trouveras toujours en Jésus Christ, la raison parfaite pour arrêter de prétendre, de faire semblant. Tu ne peux pas prétendre être ce que tu n'es pas et ne sera probablement jamais. Tu ne peux pas et ne devrais pas non plus compromettre tes croyances, tes principes ou tes objectifs afin de plaire aux autres, pour satisfaire leurs attentes, répondre aux exigences de la société ou encore afin de te faire « accepter ». Le pasteur Michael Todd de l'église Transformation Church à Tulsa, Oklahoma le dit souvent en ces termes « Dieu ne peut pas bénir celui que tu prétends être ". Ah oui, demande à Jacob ! Tant que tu ne cesseras pas de considérer ton conjoint comme ton adversaire ou to ennemi, au lieu de le voir comme un ami et partenaire, vous n'arriverez pas à être complètement honnêtes et transparents l'un envers l'autre. Certes, personne ne peut être cet ami fidèle que l'on trouve en Jésus, mais tous, nous devrions avoir cet objectif d'être meilleur chaque jour, plus honnêtes, plus sérieux et fidèles dans nos agissements, notre comportement, nos relations.

Ton époux et toi devriez être en mesure de mettre vos émotions, sentiments, pensées, actions à nu, sans crainte. C'est dans ces moments que vous devriez montrer encore plus d'amour, de respect et d'appréciation l'un pour l'autre. Car lorsque nous marchons dans la lumière de Christ, nous n'avons pas honte de ce que nous sommes ou de ce que nous faisons. Nous comprenons que tout ce que nous faisons ou disons est pour Sa gloire, ou du moins devrait l'être.

Bien aimé, tu n'as pas ta place dans l'obscurité. Tu n'as rien à gagner à vivre dans le mensonge, dans la fourberie, dans l'immoralité. Cela veut-il dire que nous sommes parfaits et ne commettons jamais d'erreur ? Absolument pas. Mais chaque jour, nous devons faire le choix d'abandonner les comportements douteux et irresponsables, les attitudes irrespectueuses et mensongères ; choisir d'être ouvert, honnête et transparent. En effet, le mariage exige un certain degré d'honnêteté et de transparence, qui ne devrait ni empiéter ni compromettre l'amour et le respect que nous avons l'un pour l'autre. On ne doit pas se servir de l'honnêteté pour justifier des paroles grossières, méchantes, ou condescendantes. En revanche, tout ce que l'on dit doit tirer sa racine de l'amour ; cela doit se faire dans le respect et la considération. Nos motifs doivent être purs. Si tu sais que la parole que tu vas prononcer ne vient pas de Dieu, n'est pas animée par un bon sentiment, alors laisse-la encore germer, remets ta frustration, ta blessure ou ta colère entre les mains du Seigneur, déposes les aux pieds de la Croix, et prie jusqu'à ce que le Saint-Esprit prenne le contrôle.

Un homme qui connaît Dieu et le craint comprend et obéit à Ses commandements ; Il cherche à honorer, protéger et pourvoir pour le bien de sa famille. Il n'essaiera jamais d'abuser de son autorité, de sa force ou de sa position. Il en va de même pour la femme. Celle qui demeure vraiment à l'ombre du Très haut, saura se soumettra à la direction de son mari, qui sera à son tour soumis à Christ. Maintenant, laisse-moi te demander *Qui suis-tu ? Qui poursuis-tu ? Le mythe ou la vérité ? L'apparence ou la réalité ?*

PARTIE 2

A LA POURSUITE DE L'« UNITÉ »

4
AIMER, LES OS BRISÉS

Vous a-t-on déjà refusé l'accès à un endroit, à cause de ce que vous transportiez ou à cause de la personne avec qui vous étiez ? Chacun de nous porte un 'bagage '. Certains légers, d'autres plus lourds, mais à un moment donné, le poids se fera toujours sentir. Qu'est-ce qui te retient ? Que portes-tu qui pourrait t'empêcher d'entrer dans la prochaine saison ? As-tu peur de faire un pas à cause de tes blessures passées, de l'amertume, le doute, ... ? Chacun de nous a une histoire, un passé quelque peu troublé, des expériences ou des souvenirs que l'on souhaiterait enterrer, brûler ou tout simplement oublier. Des choses qui nous sont arrivées que l'on aurait souhaité ne jamais vivre. Mais nous ne pouvons pas les laisser nous dissuader, nous décourager, nous empêcher d'atteindre notre destination. Permets-moi de te demander : où vas-tu ? Que poursuis-tu ?

Le mariage aujourd'hui semble être la réponse à une vie de misère, de solitude ou de découragement. Beaucoup sont prêts à sacrifier leurs rêves, leurs ambitions, à compromettre leur avenir, leurs valeurs, afin de porter une robe de mariée et une bague en diamant, avoir une longue liste d'invités ou pour ne pas rester seul, tout simplement. D'autres papillonnent, sautant d'une mauvaise relation à une autre. C'est écœurant de voir toutes ces personnes qui ne supportent pas la solitude, et choisissent d'être en couple juste pour l'image. Ils aiment l'idée d'être dans une relation plus qu'ils n'aiment vraiment la personne. Peu importe, tant qu'ils ne sont pas seuls. Il n'y a absolument aucun mal à aimer les autres, n'avons-nous pas été créés pour aimer—Dieu et les autres ? – cependant, nous ne pouvons pas nous jeter dans une relation intime avec tout le monde ou n'importe qui. Combien de fois allons-nous répéter les mêmes erreurs? Jusqu'à ce que l'on comprenne, n'est-ce pas ? Il est vrai que nous avons été conçus pour vivre en communauté, pour aimer, prendre soin, protéger, etc. Mais tout comme l'Ecclésiaste nous enseigne : il y a un temps et une saison pour chaque chose[20]. Chaque personne est unique, avec des besoins spécifiques, des attentes distinctes et une mission particulière à remplir. Et je pense bien que Dieu place dans notre vie, à différents moments, différentes saisons, différentes personnes, pour des raisons diverses. Et si l'on a du mal à réaliser cela, si l'on n'a pas idée de notre identité spirituelle, notre destinée, alors il nous sera très difficile de reconnaitre la bonne personne. Comment allons-nous arriver à jauger, à déterminer si cette personne est la bonne ? Et c'est pour cela que nombreux sont ceux qui se jettent soit dans la mauvaise relation, avec la mauvaise personne, ou avec la bonne personne, mais dans la mauvaise saison. Je suis sûre que tu te demandes comment cela est-il possible d'être avec la bonne personne mais au mauvais moment ? Avant de

---

[20] Ecclésiaste 3

lever les sourcils, lis ceci : *"Je vous en conjure, filles de Jérusalem, Ne réveillez pas, ne réveillez pas l'amour, Avant qu'elle le veuille.* [21]*"* Comme tu peux le constater, l'amour a son heure. On en reparlera plus tard.

Aime et relâche

Il y a peu de temps, le Seigneur m'a donné cette image. J'ai vu une femme tenant dans ses mains des oiseaux blessés. Elle les prenait, soignait leurs ailes blessées, les nourrissait, puis elle les remettait en liberté. Elle ne les gardait jamais après qu'ils avaient recouvré la santé. Je ne comprenais pas du tout ce que cette image signifiait. Alors, le Seigneur me dit : "J'ai placé, à l'intérieur de la femme, des dons et des talents incroyables ; elles sont capables d'aimer sans limites, leur cœur peut s'étirer plus loin qu'elles ne peuvent l'imaginer. Non seulement elles peuvent aimer et nourrir les autres, mais elles savent partager cet amour ; ce sont des porteuses de vie, elles apportent la vie. Et pour cette raison, elles attireront toujours les oiseaux blessés. Je ne comprenais toujours pas le lien, la métaphore des oiseaux, jusqu'à ce qu'Il ajoute : « cherchez toujours à savoir pourquoi ces oiseaux viennent à vous, pourquoi je leur permets d'entrer dans votre vie. Je vous les envoie afin que vous en preniez soin, pour que vous les nourrissiez ; mais ils ne vous appartiennent pas, je ne vous demande pas de les garder, comme s'ils étaient à vous. » Traduction ?

Une femme rencontre un homme avec qui ils ont

---

[21] Cantique des cantiques 8 :4

une grande connexion. Une belle et forte amitié nait entre les deux, et progressivement, cette femme découvrira les faiblesses, les blessures de cet homme. Instinctivement, sa nature de mère, de nourrice, de protectrice, prendra le dessus. Elle cherchera à panser les blessures de ce dernier. Elle sera même en mesure de lui redonner son sourire perdu, de ramener une lueur d'espoir dans son cœur. Mais au lieu de le relâcher, tous deux vont s'engager dans une relation amoureuse. Quel est le problème, me demanderas-tu ? N'a-t-elle pas fait ce à quoi elle était appelée ? Accueillir, Nourrir et prendre soin ? Bien sûr, mais le problème est qu'elle n'est pas du tout située quant à la nature de leur relation. Elle ne sait pas la raison pour laquelle cet homme lui a été envoyé. Là où elle aurait dû s'enquérir auprès de celui qui l'a placé sur son chemin, elle décide, de son propre chef, que cet homme lui appartient et elle le garde pour elle. Voici qu'elle lui donnera plus qu'elle ne devrait, attendra plus que ce qui lui était dû, s'attachera plus fort qu'elle ne devrait, car l'oiseau n'était pas le sien. Ce qu'elle n'a pas su déceler, c'est qu'elle était censée l'aimer et le remettre en liberté. Elle devait le nourrir, panser ses plaies et le relâcher. Aurait-elle demandé à Dieu, au préalable, elle aurait entendu ceci : «je l'ai amené à toi dans sa saison de confusion, de chaos, de tumulte, ou même de désespoir, afin que tu ramènes la vie en lui, que tu l'aimes comme un frère, un ami, ou encore comme un fils. Je voulais que tu le ramènes à moi, le nourrissant de ma parole, et non de ton corps. Aime-le, d'un amour fraternel, n'en tombes pas amoureuse». Vois-tu le problème, à présent ? Lorsque nous ne demandons pas conseil à Dieu avant d'agir, nous risquons de nous attacher à la mauvaise personne ou à nous engager avec le mari d'autrui, sans le savoir. Peu après, nous trouvons des excuses. Je ne m'épancherai pas dessus pour l'heure ; cependant laisse-moi te dire ceci : notre Seigneur est un Dieu d'ordre et de discipline. Si tu es confuse quant aux raisons pour lesquelles cette personne est dans ta vie, Lui, Dieu n'est point confus. Il n'est pas l'auteur de la confusion ou du désordre.

Il y a une différence entre l'amour et le sexe. On peut aimer quelqu'un sans s'attacher physiquement, sans laisser nos émotions ou notre libido nous contrôler. Nous avons tous des personnes que Dieu a envoyé dans nos vies, pour une saison, dans le but de nous former, nous enseigner, nous aider, nous encourager. Toutes ces relations finissent-elles dans le lit ? Sont-elles toutes destinées au mariage ? Pas du tout. Comment distinguerons-nous alors ceux que nous devons aimer d'un amour fraternel pour ensuite les relâcher de celui ou celle que nous devons aimer pour la vie ? il s'agit simplement de développer une relation intime avec Dieu, pas seulement venir à lui lorsque nous avons besoin de quelque chose mais apprendre à connaitre sa voix, la reconnaitre et faire ce qu'elle nous commande. Apprendre à lui faire confiance, avoir foi dans les plans qu'Il a pour nous. Être assez patient pour attendre que ses promesses se réalisent. Mais nous ne devons pas oublier qu'avec Dieu, il y a toujours une saison de transition, un moment que nous devons passer seul, dans le désert, car Il ne nous emmène jamais d'une saison à une autre sans créer de pont. Ne confonds pas la traversée avec la destination. Très souvent, nous rencontrons des gens qui semblent répondre à nos critères ; ils représentent tout ce que nous recherchons, correspondent presque parfaitement à notre vision, ou du moins celle que nous avons-nous même établie. Comme nous retrouvons ce que nous aimons ou ce dont nous pensons avoir besoin, parce que nos émotions nous font défaut, comme d'habitude ; alors, nous commençons à bâtir des tentes, là en plein désert. Et nous faisons d'une situation temporaire une finalité. Nous nous installons dans un endroit que nous étions juste appelés à traverser, courant après quelque chose de passager. Nous choisissons de poursuivre des personnes qui ne nous étaient jamais destinées. Et nous blâmons Dieu pour nos tentatives ratées ou nous essayons de lui « forcer » la main. Nous voulons qu'Il fasse partie d'une histoire qu'il n'a jamais écrite, oubliant de reconnaitre que Dieu ne nous avait jamais destiné à être un couple.

Certes, tu as une mission à accomplir sur cette terre, et tu pourrais rencontrer des personnes que Dieu t'appelle à influencer d'une façon ou d'une autre. Mais ces personnes pourraient être dans ta vie pour t'apprendre une leçon sur le prochain chapitre de ta vie, t'aider à obtenir la clé pour atteindre la prochaine étape, ou seulement parce que tu avais besoin de quelqu'un pour te tenir la main pendant des moments difficiles. Certaines personnes sont dans notre vie, comme un pont ; elles nous aident à traverser, à connecter deux points, deux saisons, deux situations...Et parce que notre vocation principale en tant que chrétien est d'aller et de faire des disciples, ramener ceux qui sont perdus, ou qui ont rétrogradé, Dieu nous enverra toujours des personnes qui se retrouvent à un carrefour de leur vie. Bien qu'Il utilise n'importe quelle situation pour ramener à lui ses brebis égarées, Il ne le fait jamais à notre détriment. Mais le secret ou la clé, c'est d'inviter le saint esprit en tout temps à veiller sur notre cœur, à le garder et à nous protéger afin que nous ne donnions ni n'attendions plus·que ce qu'Il a prévu. Ne construis pas un nid pour un oiseau qui n'est pas le tien. N'aies pas peur de le soigner puis de le relâcher. Le plan de Dieu est parfait. Appuie-toi sur Lui et Il te guidera.

Boussole cassée

Une boussole nous aide à trouver notre direction, à nous orienter. L'Esprit Saint est la seule et unique boussole sur laquelle les hommes doivent compter pour les aider à naviguer dans ce parcours sur la terre. Non seulement Il connait notre point de départ, il connait également notre destination finale. Il connaît aussi le « comment » et le « pourquoi » de chaque chose. Dans sa main, Il a tout le script de nos vies. C'est Lui seul qui est capable de sonder les profondeurs de nos cœurs. Il connait nos faiblesses, nos limites et nos forces. Tout ce que nous devons faire, c'est de nous remettre entièrement à Lui, apprendre à reconnaitre sa voix, et lui faire confiance. La vie a une drôle de façon de nous enseigner certaines leçons, certaines que nous jugeons parfois inutiles. Alors, nous préférons plutôt prendre des détours, des raccourcis, parce que nous sommes persuadés savoir mieux que personne. Quand bien même nous reconnaissant les signes d'avertissement, nous fonçons en plein vers le danger. Combien de fois avons-nous décidé, de façon unilatérale, de recalculer notre itinéraire, tout simplement parce que celui qui nous avait été dicté paraissait trop long, ou avons jugé le GPS du Saint esprit défectueux ? Il nous était trop difficile d'attendre ou de continuer sur le chemin qu'il montrait. Alerte ! L'ennemi n'a pas rebroussé chemin. Il est toujours sur le champ de bataille, et son plan n'a pas changé : il cherche encore à te faire douter de Dieu et t'inciter à te frayer ton propre chemin. Il s'attelle à ce que tu te crois plus malin, plus intelligent, mieux informé que Celui qui t'a créé. Mais tout ce que tu essaieras de bâtir sans l'Éternel, tout itinéraire que tu suivras qui n'est pas celui de Dieu, ne te conduira qu'à l'échec, à ta perte. « *Si l'Éternel ne bâtit la maison, Ceux qui la bâtissent travaillent en vain;[...].* » (Psaume 127 :1). Crois-moi, l'ennemi va t'induire en erreur ; il cherchera désespérément à te remplir d'orgueil, te rendre impatient, semer le doute dans ton esprit. En somme, il cherchera toujours à détruire le lien qui existe entre toi et Dieu, comme il l'a fait avec le premier homme. Et prends garde qu'il ne le fasse à nouveau. Soumets-toi à Dieu. Aie foi en Sa parole, en Son esprit. Certes, le chemin peut s'avérer long, mais c'est le plus sûr, celui qui garantit de t'emmener au Paradis.

    Qu'est-ce qui se passe lorsque nous perdons notre connexion avec Dieu ? Lorsque nous nous laissons guider par nos émotions, nos sentiments ? Lorsque nous écoutons l'écho de notre propre voix ou celle de l'ennemi, au lieu de suivre Dieu ? Lorsque nous prenons des raccourcis plutôt que de suivre ce chemin qui semble trop long ? Nous prenons la mauvaise décision, nous commettons des erreurs qui s'avèrent très coûteuses, nous prenons un sentier parsemé d'épines, pour ensuite nous retrouver dans un bassin couvert de honte et de regrets. Et nous nous demandons si notre Père céleste nous aime vraiment ? Nous préférons croire que Dieu nous a abandonné plutôt que de nous rendre à l'évidence que nos choix, notre désobéissance, notre orgueil sont les seuls à blâmer, les vrais coupables. Car nous savons tous très bien que le plan de Dieu n'est jamais de nous laisser, le cœur meurtri. Certes, Il pourra toujours panser nos blessures, il saura toujours nous faire sortir du pétrin dans lequel nous sommes fourrés, mais à quoi cela nous sert vraiment de vivre ces expériences traumatisantes quand Dieu a un plan bien meilleur ?

Sa volonté est de te protéger, de garder ton cœur, t'empêcher d'être blessé. Il est temps d'assumer les conséquences de nos mauvais choix, nos décisions irréfléchies. On ne peut pas continuer à faire les mauvais choix et tenir Dieu pour responsable. Quand donc, allons-nous comprendre qu'Il est l'Alpha, le commencement de toutes choses ? Quand allons-nous atteindre ce moment où nous ne prendrons aucune décision sans l'avoir consulté au préalable ? Oui, notre Dieu est la source de toute chose, de toute relation, et tant que nous ne développerons pas une meilleure relation avec Lui, dans l'amour et la vérité, le respect et la confiance, aucune autre de nos relations ne pourra jamais prospérer.

Bon nombre d'entre nous avons expérimenté le rejet, l'abandon d'un parent ou encore des relations très instables avec l'un ou l'autre de nos parents. Certains ont été victimes d'abus physique ou moral, d'autres ont d'énormes problèmes de confiance à cause de la polygamie, l'adultère, le divorce ou autres raisons, sans compter le manque d'assurance, la dépendance émotionnelle, peur de la solitude, peur d'aimer, peur de perdre un être cher, ...Toutes ces raisons sont généralement amplifiées à cause de la perception que nous avons de nous-mêmes, la définition que nous avons de l'amour, des relations entre hommes et femmes ou encore les exigences de la société. Encore une fois, il s'agit de la connaissance que nous avons de Dieu, la confiance que nous mettons en lui et notre volonté ou notre capacité à lui rendre cet amour qu'il a pour nous.

Connaitre Dieu, S'accepter soi-même

Notre Dieu nous appelle à un niveau plus profond d'intimité. Je pense à l'histoire de l'Apôtre Pierre qui a marché sur les eaux[22]. Pourquoi penses-tu que Jésus, au milieu de la nuit, lui ait demandé de marcher sur l'eau ? Qu'est-ce que Pierre ne pouvait pas voir sur la

---

[22] Matthieu 14 :22-29

terre ferme ?

    Il arrive un temps dans notre marche avec le Seigneur ou la séparation sera requise. Pas juste se détacher des gens de notre entourage, mais aussi et surtout, nous serons obligés d'abandonner le confort de notre environnement naturel. Plus nous sortirons de notre « zone de confort », plus nous serons obligés de nous en remettre qu'à Dieu. Marcher sur les eaux, pour nous chrétiens, n'est pas une activité physique à essayer, mais c'est un mouvement de l'esprit afin de fortifier notre foi. Plus important encore, cela nous amène à un autre niveau de la connaissance de Dieu. Comment la marche sur l'eau nous aidera-t-elle à connaître un peu plus Dieu ? Si Nous avons de la famille ou des amis à nos côtés, il est facile de compter sur eux, de nous fier à leurs pensées, leurs jugements. Mais lorsque nous sommes loin de tout ce qui nous est familier, lorsque tout ce à quoi nous faisons face nous est totalement inconnu, lorsque nous n'avons plus aucun contrôle sur la situation, lorsque nous avons le sentiment de marcher sur l'eau, alors nous n'avons plus d'autre choix que de nous tourner vers Celui qui a déjà marché sur les eaux. Celui qui parle à la tempête et elle se calme.

Chose intéressante, les disciples n'avaient pas idée que Jésus était capable d'une telle chose : marcher sur l'eau ; ils pensaient avoir vu un fantôme. Mais après que Pierre eut rejoint Jésus et que tous deux soient finalement remontés dans le bateau, ils ont appris quelque chose de nouveau, concernant leur maître. En effet, se sont-ils exclamés : *"Vraiment tu es le fils de Dieu!"*. En quoi cet incident ou cette reconnaissance pourrait nous aider dans notre mariage ou même dans notre relation avec Christ ?

Pierre a obtenu la révélation de qui était Jésus ; il a ainsi reçu les clefs du ciel. Il a été établi comme la pierre sur laquelle l'Église sera construite. Penses-tu que Pierre aurait pu croire en cette promesse sans avoir vu ce que Jésus était capable de faire ? Comment pourrions-nous établir une alliance avec une personne, à moins de la connaitre ? De la même façon, nous ne pouvons suivre Dieu, à moins d'accepter la parole qu'il a déclaré sur notre vie, à moins de connaitre notre identité. Et c'est là le problème de beaucoup de chrétiens aujourd'hui. Ils ne savent pas qui il sont en Christ, ils n'ont pas idée du pouvoir que Dieu leur a donné, de leur valeur, de leur position de fils ou fille du Dieu Très haut, d'héritier du roi des rois, cohéritier avec Jésus Christ de Nazareth. Lorsque Pierre a témoigné que Jésus est le fils de Dieu, celui qui peut se tenir sur les eaux, calmer les mers déchaînées, penses-tu qu'il doutait que ce même homme serait en mesure de faire de lui la première pierre de son Église ? Pierre n'est pas, en tant qu'homme la base de l'église. C'est sa Foi qui est représentée comme étant la pierre. Nous ne sommes pas appelés chrétiens à moins que nous ayons une foi absolue en Dieu le père créateur, en son fils notre sauveur et le consolateur que nous avons en la personne du saint esprit. Il ne nous appelle pas à compter sur nos forces, notre compréhension ou notre sagesse, mais à nous appuyer entièrement sur lui, à nous fier à lui. C'est ce à quoi le Seigneur t'appelle ; il veut t'emmener à un endroit où personne d'autre que toi n'est autorisé. C'est un Dieu jaloux qui ne partage sa gloire avec personne. Nous sommes son Épouse. Il attend que nous l'aimions, l'honorions et nous consacrions entièrement à Lui.

Quiconque pense avoir besoin d'un mari ou d'une femme pour se sentir complet, pour leur apporter de la joie ou donner sens à leur vie, dérobe Dieu de Sa place, de Son pouvoir et même du sacrifice qu'il a fait sur la croix. Ton Dieu veut que tu le connaisses ; n'aies pas peur de venir à Lui, car c'est seulement en sa présence que tu trouveras tout ce dont tu as besoin. Laisse le te révéler ce qu'il a placé en toi, la beauté au milieu des cendres. Il veut te donner les clefs pour accéder à son Royaume. Comment avoir une relation avec une personne que l'on ne connait point ? Apprends donc à Le connaitre, par la prière, prends le temps de développer une relation intime et profonde avec Lui, médites Sa parole...Te souviens-tu, au début de ce chapitre, j'ai posé la question de savoir après quoi tu courais ? Qu'est-ce que tu poursuis ? Est-ce la cérémonie, la bague, le statut, la position ? Désires-tu plus le conjoint que tu ne désires marcher avec Dieu ?

Tu ne connais surement pas ta valeur, tu n'as surement pas idée de ce à quoi Il t'appelle, mais Dieu lui le sait. Tu recherches l'amour sous toutes ses formes, simplement parce que tu as du mal à voir ta valeur, à apprécier ce qu'il a fait de toi ? Tu passes ton temps à rechercher l'approbation des hommes, prête à te donner au premier venu ? Tout ceci n'est que mensonge provenant de l'ennemi, pour te garder dans la servitude et t'empêcher de vivre cet amour pur et parfait que Dieu a pour toi. Aucun homme ne mérite que tu te dévalorises pour te faire accepter. Tu es une personne spéciale, aux yeux de celui qui t'a créée. Et celui à qui tu es destinée saura reconnaitre ta vraie valeur, en dépit de tes faiblesses, de tes lacunes ou de tes imperfections. Chaque leçon chaque expérience, chaque déception, chaque échec nous enseigne sur l'amour que Dieu a pour nous. Et tant que nous n'acceptons pas la vérité contenue dans sa parole, la description qu'Il a de nous « *une race élue, un sacerdoce royal, une nation sainte,* », [23] alors nous ne serons pas en mesure de vivre en toute liberté, réaliser notre mission sur cette terre et Lui apporter toute la gloire. Tu ne peux pas croire à tout ce que les gens disent de toi et rejeter ce que Dieu voit en toi.

Tes blessures, tes échecs ne sont pas destinés à te maintenir dans la souffrance et le désespoir ; ils n'ont pas pour but de te paralyser ou te réduire à néant. Toutes ces épreuves ne sont qu'un simple rappel de la grâce, l'amour et la miséricorde de notre Sauveur. Il nous donne toujours plus d'une chance pour recommencer, apprendre et corriger, bien que sa volonté soit de nous voir réussir au premier essai. Peu importe combien de fois nous tombons, ce qui importe c'est le nombre de fois où nous choisissons de nous

---

[23] 1 Pierre 2 :9

relever. Car ta force ne se mesure pas au nombre d'erreurs que tu arrives à éviter, ni à l'homme ou la femme parfaite que tu es en mesure de trouver, mais ta force se trouve dans ta capacité à faire confiance à Dieu et à te soumettre entièrement à Lui. Alors relèves-toi et continue la marche. Non seulement Il t'aidera à te relever, mais Il te tiendra la main jusqu'au bout.

5
TROP OU PAS ASSEZ

Oh mais ceci n'était pas prévu ! Cela n'était pas censé se passer de la sorte ! Ça n'aurait jamais dû arriver ! Pourquoi sommes-nous invités, encouragés à établir clairement des paramètres dans nos relations, à définir clairement nos limites, nos attentes, mais à chaque fois tout semble tourner au vinaigre ? Nous finissons presque toujours par être frustré, déçu ou blessé ? Quel baromètre, à quelles normes devrions-nous nous fier, quand il s'agit de relations amoureuses ?

La plupart d'entre nous ont grandi, gardant à l'esprit ces images dignes de contes de fées, à la fin incroyablement parfaite, de quoi nous faire rêver et espérer la même chose. De la *Belle au bois dormant* à *Cendrillon* – tomber amoureux d'un beau prince charmant et vivre heureux avec de nombreux enfants – tous nous ont peint cette parfaite relation entre homme et femme. Ils ont réussi à ancrer cette attente, cet espoir de vivre un jour ce beau rêve. Les seules notions que nous avions donc de l'amour ou du mariage se résumaient en ces merveilleuses histoires, basées sur l'idéal et l'irréel. Alors nous embarquons dans ce voyage qu'est la vie, dans l'espoir de vivre, un jour, la même expérience. Mais triste de constater que la vie ne ressemble en rien à un conte de fées. Les 'Cendrillon' aussi rares que les 'Prince charmant'. En fait, la vie n'est pas un long fleuve tranquille ; elle comporte de nombreuses routes cahoteuses. Et ceci n'est pas pour suggérer que nous devrions arrêter de rêver ou ne pas se fixer des objectifs, mais nous devons prendre garde à ne pas avoir des espoirs irréalistes, placer des attentes idylliques, basées sur notre imagination.

Combien de personnes ont elles démarrées des relations amoureuses, ou se sont même engagées dans un mariage sans réellement connaitre leur partenaire, sans avoir établi clairement leurs attentes, rêves ou aspirations ? Combien n'ont jamais su exprimer à leurs conjoints leurs désirs et leurs espoirs, leurs perspectives du mariage ? Certains espèrent tout simplement avoir épousé un télépathe qui saura lire dans leurs pensées. D'autres, ont dès le départ une liste aussi longue que le fleuve du Nil, pensant que le mariage devrait leur apporter tout ce qu'elles n'auraient jamais espéré avoir par elles-mêmes. Entre les exigences déraisonnables et les besoins insatiables, beaucoup se retrouvent à bout de souffle avant de célébrer leur 1er anniversaire ensemble. Certes, le mariage n'est pas chose facile, mais inutile de le rendre encore plus compliqué en essayant de réaliser tous nos rêves d'enfant. Le mariage n'est pas une œuvre d'art abstraite. Avant de nous engager dans cette « aventure » à deux, nous devons prendre le temps de définir nos objectifs, notre plan d'action et établir certains paramètres. Car deux personnes peuvent-elles marcher ensemble sans convenir de la direction ? (Amos 3 :3).

Marcher en accord suggère que nous soyons en agrément sur la destination, le point de départ et tout autre détail nécessaire pour s'assurer d'un voyage plaisant, sans ambages, ou du moins en réduisant au mieux les désagréments. Nous harmonisons nos pas, de sorte à avancer à la même cadence. Si l'un va trop vite ou trop lentement, l'autre devrait pouvoir réajuster, ainsi de suite. Cela nécessite un minimum de communication, apprendre à se connaitre, à se parler, partager ses craintes, sa vision, ses défis ou ses préoccupations.

Le Mythe du « Dating »

Qu'arrive-t-il lorsque nous démarrons une entreprise, une relation d'affaires sans comprendre les termes du contrat ? Ne sommes-nous pas voués à avoir des malentendus, des désagréments, à poser des actes risquant de compromettre ce partenariat, ou à commettre des erreurs monumentales, qui auraient certainement pu être évitées ?

Le mariage est de loin l'une des décisions les plus importantes de notre vie. Le choix d'un partenaire, pour la vie, n'est pas à prendre à la légère. Mais comment pouvons-nous être certain si nous n'avons pas les données nécessaires ? Les athlètes, aussi bien que les soldats s'entraînent toujours, ils se préparent toujours avant d'entrer sur le terrain. Bien sûr, le mariage n'est ni une compétition ni une guerre ; cependant, nous avons en face un adversaire rusé, implacable, déterminé à semer la zizanie, à créer la division et le chaos. Depuis le moment de la création, Satan a juré de détruire toute chose que Dieu nous a donnée, et cela inclut notre vie de couple, notre relation avec Dieu et avec les autres. Cet ennemi tenace, a pour objectif de voler, réduire à néant le plan de Dieu pour nos vies. Nous ne pouvons demeurer aveugle à ses stratagèmes. Il est temps d'adresser le mythe qui entoure le grand -D. Et il ne s'agit pas du Divorce, contrairement à ce que l'on pense. C'est vrai que le divorce est à craindre, si l'on peut le dire ainsi. Mais ce qui devrait encore plus nous effrayer, nous faire frissonner, c'est le silence qui existe autour de la question de « dating ». Le « dating » en anglais représente cette période durant laquelle deux personnes, de sexe opposé, décident de se fréquenter sans vraiment savoir à quoi s'en tenir.

L'Église reste très silencieuse et a plus ou moins baissé les bras devant ce « grand mythe ». Aussi bien que nous n'hésitons pas à crier haut et fort notre opposition, voire la condamnation du divorce, ne devrions-nous pas également afficher une position encore plus ferme sur cette question de « dating » ou relation prémaritales ? Bien mieux que d'avoir une position en faveur ou contre, ne gagnerions-nous pas mieux à éduquer hommes et femmes sur l'alliance du mariage ? En effet, si nos jeunes gens devenaient plus familiers avec cette notion de « fréquentation » ou « dating », sur le plan de Dieu concernant le mariage, ne seraient-ils pas mieux outillés pour faire face aux nombreux défis de la vie à deux ? Ne seraient-ils pas mieux informés avant de s'y lancer et ainsi donc moins enclins à envisager le divorce comme option ? Nous avons tellement voulu nous opposer au divorce, que tout mot commençant par la même lettre nous fait tressaillir.

D-Dating. Et si on en parlait ? Les relations avant le mariage. Malheureusement, ce mot n'est plus qu'un tabou. Et finalement ce que nous avions tant souhaité éviter en gardant le silence, devient notre triste réalité aussi bien chez les chrétiens comme chez les non croyants. Le mariage représente désormais pour beaucoup une illusion, un mensonge ou un fantasme. Dans d'autres cas, ce n'est que pure formalité administrative. Pouvons-nous continuer de fermer les yeux, rester silencieux face à la perversion, la débauche rampante dans nos cités, nos communautés, nos pays? Le nom du Seigneur continue d'être souillé, ses enfants livrés à la perdition à cause du manque d'information. Les chrétiens, aujourd'hui ne reçoivent presqu'aucune éducation sur l'amour, le mariage, les responsabilités des époux ou encore sur la sexualité. Ils n'ont d'autre information que ce que l'internet est prêt à leur offrir. Ces sites purulents de rencontre en ligne, qui n'ont de chrétien que leur nom, sont un autre appât du diable pour détourner les enfants de Dieu. Tous des loups déguisés en agneau qui n'ont d'autre but que d'attirer leurs proies dans leur lit. Mais de quelle solution disposent donc ceux qui sont assoiffés de connaissance, qui ont le désir de marcher sur le droit chemin, de faire les choses selon le plan de Dieu ? Où aller, vers qui se tourner pour demeurer dans la Vérité? Comment un chrétien doit il procéder pour rencontrer son conjoint ? Quelle est la méthode à adopter pour ne pas errer dans le faux, sombrer dans le péché ? Combien de mauvais mariages pouvons-nous risquer d'avoir, – bon nombre n'auraient jamais dû être célébrés en premier lieu – combien de familles doivent être détruites ? Quand allons-nous briser ce silence et commencer à enseigner à nos jeunes garçons et filles le caractère sacré de l'alliance du mariage ? Comment embrasser leur sexualité tout en demeurant dans les limites de la volonté du Père ? Comment les préparons-nous au mariage ?

Pendant si longtemps, nous avons mis l'accent sur les interdits tant et si bien que nous avons négligé de leur apprendre certaines lois et règles fondamentales. Et voici que l'on arrive à l'âge adulte, désireux de se marier, sans avoir idée de ce qui nous attend. On se retrouve devant la porte de cette pièce que tout le monde voyait pendant des années, sans y avoir accès. Personne ne sait réellement ce qu'elle renferme et, subitement cette porte s'ouvre et nous sommes projetés à l'intérieur. Comment avancer ? Où aller ? Que faire ? Cela ne te semble-t-il pas familier ? L'arbre de la connaissance du bien et du mal. Et l'homme toucha exactement à ce qui lui avait été interdit. Nous ne pouvons refaire la même erreur. O comme il aurait été plus facile si homme et femme avaient une meilleure compréhension du mariage avant de s'engager ! Si nous avions tous appris à devenir des époux, à connaitre nos responsabilités, à nous y préparer à l'avance. Au lieu de tout cela, nous recevons toutes sortes d'informations erronées, basées sur la perception du monde plutôt que la réalité divine. Malheureusement, ces acteurs de cinéma, dans ces feuilletons à l'eau de rose, ces 'célébrités' sur les réseaux sociaux deviennent une référence, notre source d'inspiration, nos modèles. Combien de mariages brisés pour cause d'infidélité, addiction à la pornographie, ou autre ?

Le problème se présente pace que nous attendons de faire des délivrances pour adultes, «chasser les esprits » de l'immoralité sexuelle, quand nous aurions dû former nos enfants et adolescents sur la vérité contenue dans la parole de Dieu. Nous aurions dû leur apprendre à embrasser leur sexualité, à comprendre les implications de leurs actions et décisions, à présenter l'acte sexuel comme étant un don de Dieu, expliquer dans la vérité les dangers de la pornographie et de la fornication, sans en faire des sujets tabous, insister sur la nature sacrée du mariage, donner l'exemple en tant que parents, etc...La plupart des hommes ou des femmes aujourd'hui accros à la pornographie, ne l'ont pas commencé une fois mariés. Ils y ont été exposés bien avant, dans leur jeunesse, certains même dans l'enfance. De la même manière que nous sommes exposés à la notion d'amour charnel, au mariage à travers les contes de fées, nos jeunes garçons et filles découvrent la sexualité à travers des films ou magazines pour adultes. Un amas de mensonges, une bombe prête à faire des dégâts. Il est encore possible de rectifier le tir, de recalibrer les choses. Nous avons la victoire en Jésus Christ. Il est temps de rétablir la vérité. Mais qui doit le faire ? Nous en avons tous la responsabilité, en tant que parent, en tant qu'adulte, en tant que chrétien, en tant que serviteur de Dieu, notre devoir est de non seulement leur présenter les informations exactes et nécessaires, mais de leur montrer le bon exemple (Osée 4 :6). Nous ne pouvons plus marcher dans l'hypocrisie, à afficher un comportement contraire aux paroles que nous professons. La connaissance absolue de la parole de Dieu, la capacité de marcher dans la lumière et dans la vérité, ne peuvent être obtenues que par le biais d'une relation intime et profonde avec le Seigneur. Il est la source d'information la plus fiable. La seule vraie. C'est Lui le Dieu Omniscient. Il nous enseignera, nous donnera la révélation de Sa parole. Lorsque ta voiture ou tout autre appareil est défectueux, ne pars-tu pas chez le fabricant ou la société qui te l'a vendu ? Il en va de même avec Dieu. C'est Lui le créateur ; il connait le bien et le mal, le vrai et le faux. Ne devons-nous pas nous en remettre à Lui pour savoir comment vivre cette vie de couple que Lui-même a établie pour nous ?

Mais trop souvent, nous nous précipitons sans le consulter, sans nous soucier de ce qu'Il a à dire ou à montrer, seulement parce que nous voulons vite nous mettre en couple, citant fièrement l'apôtre Paul *"il vaut mieux se marier que de brûler.*[24]*"* Bien que je ne prône pas les mariages précipités, je ne suis nullement en train de t'exhorter à vivre des fiançailles à vie, sous le même toit sans être mariés, autrement dit vivre en concubinage. Mais l'on ne se marie pas juste pour être libres de faire l'amour. L'on ne se marie pas non plus à cause de l'âge, de la famille ou des amis. L'on ne se

---

[24] 1 Corinthiens 7 :9

marie surtout pas parce que l'on est fatigué d'être seul.

Y a-t-il un bon moment ?

Répondre par l'affirmative serait bien évidemment la réponse la plus facile. Car la Bible nous enseigne qu'il y a un temps pour chaque chose. Mais comment savoir si le temps est arrivé ? Je ne saurais prétendre avoir la réponse à cette question. Par ailleurs, nous savons toujours lorsque quelque chose ne tourne pas rond, n'est-ce pas ? Ce que nous devons retenir, nul ne devrait se marier pour les mauvaises raisons. L'apôtre Paul ne nous encourageait aucunement à se marier simplement pour assouvir nos pulsions sexuelles. Le mariage n'est pas la réponse exclusive à notre manque de maitrise. En fait, Paul avait trop bien compris l'enjeu ; il savait que le mariage est une des plus grandes responsabilités que Dieu n'ait jamais donnée à l'homme, un engagement trop important pour être pris à la légère. Bien que nous ne puissions pas établir sans équivoque s'il y a un bon moment pour se marier, nous pouvons affirmer qu'il existe de nombreuses raisons pour lesquelles l'on ne devrait pas se marier. Combien de couples, dont la relation pouvait faire baver plus d'un, avons-nous vu se séparer dans les conditions les plus dramatiques ? Bien qu'ils semblaient être le couple parfait, ils n'ont malheureusement pas pris le temps d'aborder les questions les plus importantes, poser les bases, établir les fondations nécessaires pour réussir leur vie ensemble. Aussi, certains se marient simplement pour enterrer leur vie de célibataire comme l'on se débarrasserait d'un vêtement usé, tandis que d'autres se mettent en couple, sans jamais renoncer à leur statut de célibataire. À peine quelques années de vie commune, le divorce s'ensuit pour diverses raisons, en l'occurrence 'incompatibilité d'humeur', 'différences irréconciliables' ou simplement pour faute de l'un ou l'autre des conjoints. L'erreur que de nombreux couples commettent, c'est d'embarquer dans cette nouvelle aventure à deux sans avoir conscience de la réalité, ou par pur désir de porter une alliance. Mais il y a beaucoup trop de questions sur le tapis auxquelles vous devez répondre, l'enjeu est bien trop grand pour s'y lancer à l'aveuglette. Avant de dire « oui », vous devez savoir bien plus que leurs céréales préférées, le nom de leur premier animal de compagnie, etc...Il ne s'agit pas non plus de faire une obsession sur une date de mariage, une robe ou l'âge avancé. Profitez de ces moments pour examiner le caractère de l'autre, pour aligner vos vues sur des questions essentielles telles que vos valeurs, vos croyances, vos principes, votre vision du futur, expériences de la vie, et bien d'autres. Prêtez attention aux potentiels « feux rouges » ; n'ignorez pas les signes avant-coureurs. Prenez tous deux le temps de vous fréquenter, pas selon les normes de la société, mais selon le plan de Dieu.

Ne compromets pas tes valeurs juste pour plaire à quelqu'un. Sois précis sur tes objectifs et tes attentes. Pose les questions difficiles. Où se voient-ils dans 1 an, 3 ou 5 ans ? Désirent-ils fonder une famille ? Croient-ils au mariage ? Quelle est leur conception du mariage, le rôle de l'homme et de la femme, le divorce, la place de la famille ? Qui sont leurs amis ? Quelle influence ont-ils sur sa vie ? Quelles qualités recherchent-ils en leur conjoint ? Tels devraient être la nature des conversations à avoir, non pas pour cocher des cases sur une liste mais pour véritablement évaluer les défis ou opportunités à venir. Avant tout, il s'agit de rechercher la face de Dieu, faire de Lui le point central. Qu'est-ce que Dieu te révèle au sujet de cette personne? Te rappelles-tu l'oiseau blessé ? Cette personne est-elle dans ta vie pour une saison, une raison, comme un pont, pour t'aider à traverser ou est-ce la personne que Dieu t'a envoyé pour accomplir ses desseins ? Certes, elle peut avoir beaucoup de qualités, être célibataire, mais il faut bien plus. Combien de fois avons-nous rencontré des personnes physiquement disponibles mais indisponibles sur le plan émotionnel ? Elles peuvent certes répondre à tous nos critères, présenter toutes les caractéristiques que nous recherchons, mais cela ne signifie pas que nous devons foncer tête en avant. Il arrive souvent que la personne soit la bonne mais le moment pourrait être mal choisi. Et si nous n'avons ni le discernement ni l'honnêteté de reconnaitre que cette personne a besoin de passer du temps seul, se découvrir en tant qu'individu, alors nous faisons l'erreur d'en faire un nouveau « projet », surtout nous les femmes. Nous constatons leurs défauts et automatiquement, notre instinct maternel prend le dessus ; nous assumons qu'il est de notre devoir de les 'sauver', les protéger, leur prouver que nous pouvons leur donner tout l'amour dont ils ont besoin. Ainsi, nous nous engageons plus sérieusement que l'on aurait dû, nous rapprochons plus près que nous n'étions censés le faire et nous donnons bien plus que ce qui était prévu, pour ensuite réaliser que nous nous sommes trompés. Quand bien même on a la certitude, la confirmation que cette personne est la bonne, Dieu ne nous donne pas le champ libre pour faire tout ce qui nous plait. Vous pouvez être déjà fiancés, mais cela ne signifie pas qu'il soit permis d'avoir des relations intimes. N'arrive-t-il pas que des fiancés rompent leur fiançailles quelques mois même avant la cérémonie ? Il ne doit avoir aucune relation sexuelle en dehors de l'alliance créée par le mariage, pas une simple promesse sans conséquences.

Ton corps, temple du Saint Esprit

Lorsque j'ai rencontré mon époux, je n'avais aucun doute sur la raison pour laquelle il était entré dans ma vie. Nous avions reçu la confirmation de Dieu par un ou plusieurs témoins. Malheureusement, nous avons mis la charrue avant les bœufs. Nous avions pensé qu'en raison de notre intention de nous marier, nous étions libres de vivre comme mari et femme. Il n'y avait pas besoin d'attendre jusqu'au mariage avant de se découvrir sexuellement. À peine quelques mois passés, je me suis retrouvée enceinte de notre premier fils. Je n'en avais encore aucune idée, lorsqu'un jour le Saint Esprit a attiré mon attention sur un verset biblique qui insistait sur les douleurs de l'enfantement et le lien avec le péché. J'aurais tant aimé pouvoir l'écrire clairement mais comme par enchantement je n'ai plus jamais été capable de retrouver ce verset. Cependant, il n'y avait aucune confusion dans mon esprit lorsque le Seigneur m'a mis à cœur de faire le jeûne d'Esther pendant 3 jours. Dans ces moments de dévotion et de prière, les versets qui revenaient constamment étaient presque tous liés à la douleur de l'enfantement, à l'impudicité, à l'immoralité sexuelle. En clair, c'était une invitation, sans équivoque, à vivre dans la sanctification. Et bien sûr, comme je m'en doutais, mes soupçons ont été confirmés au dernier jour de mon jeûne : j'étais bel et bien enceinte ! Parlant d'une grossesse éprouvante ! À 20 semaines, j'ai dû arrêter de travailler, et j'ai été mise au repos durant tout le reste de ma grossesse, car mon col était ouvert et j'avais des contractions en permanence. Je ne pouvais me méprendre ni sur la nature de mes douleurs ni sur la raison de ma situation : je vivais dans le péché, et le Seigneur me punissait, tout simplement. Je tiens à préciser que cette situation est particulière à moi, je ne suis en aucun cas en train d'insinuer que tout le monde devrait vivre mon expérience, mais ce que j'ai appris au fil des temps, c'est que vu la nature de mon ministère, le Seigneur m'a permis de traverser cette épreuve et de réaliser le besoin absolu de marcher dans la sanctification, de se détourner de l'immoralité. Il n'y avait pas une rencontre de prière où IL ne m'interpellait pas. Je ne pouvais pas méditer Sa parole sans être rappelée à l'ordre.

C'était donc un dimanche matin, j'étais à peu près à sept mois de grossesse. Pendant que je m'apprêtais pour aller à l'église, je n'arrêtais pas de chanter cette chanson « I surrender » (entre tes mains, j'abandonne...) de Cece Winans. Je n'avais aucune idée de la raison pour laquelle ce chant ne me quittait pas.

Arrivée à l'église, il ne m'aura fallu que quelques minutes pour comprendre ! Le sermon était exactement sur cette chanson 'surrender' (abandonner, renoncer). Et le pasteur, à la fin de la prédication, a demandé à chacun de déclarer haut et fort une chose à laquelle il renonçait ; c'était une petite église dans l'État du Maryland, le temps nous permettait de faire le tour de la salle sans difficulté. Alors, sans même en avoir conscience, je levais une main timide ; avant que ma bouche ne s'ouvre, je ne savais pas ce qui allait en sortir, ce mot fut lancé : « Fornication ». Voici que j'étais assise avec mon ventre tout rond, à prononcer des paroles qui semblaient ne pas sortir de moi. « Oui, je renonce à la fornication ». Avant même que je ne réalise ce qui venait de se passer, le pasteur a commencé à applaudir et a invité tout le monde à m'entourer et me serrer dans leurs bras. Du jamais vu, n'est-ce pas ? C'est du moins ce que je me suis dit. Je ne pensais pas du tout que la fornication était un si grand mal, surtout entre deux personnes qui avaient l'intention de se marier un jour. Mais inutile de dire que ce jour m'a transformée. Ma vie a été transformée. J'ai réalisé à quel point Dieu m'aimait ; j'ai compris qu'Il ne reculerait devant rien pour me sauver, pour me ramener sur le chemin de la droiture. Bien que mon bien aimé, ait raté le culte ce jour à cause du travail, je n'ai pas manqué de lui raconter tous les détails, car j'avais pris la ferme décision d'honorer ma déclaration, de respecter cet engagement public que je venais de prendre. Ainsi en a-t-il été jusqu'au jour de notre mariage, trois mois plus tard. Tu te demandes sûrement pourquoi je te raconte mon histoire ? Simplement parce que le Saint esprit me met à cœur de le faire, et comme je l'avais dit au départ, ce livre n'a pas pour objectif de juger ou de condamner qui que ce soit. En plus, je ne pourrais t'encourager à marcher dans la vérité, à confesser tes fautes, tandis que moi, je cache les miennes et prétend n'avoir jamais commis de fautes. Je ne prétends pas être parfaite ou meilleure, j'ai seulement eu la grâce de faire cette rencontre avec Dieu et ma vie a été changée. C'est Dieu seul qui me permet d'apprendre, de prendre de meilleures décisions chaque jour, de surmonter les obstacles sur mon chemin. Ma prière, c'est que toi ou quelqu'un dans ton entourage puisse apprendre de mon expérience, que mes erreurs puissent t'empêcher de vivre dans le péché, ou encore t'encourager sur cette voie que tu as choisie de vivre dans la sanctification. Si mon témoignage peut édifier plus d'un, alors je suis prête à accepter l'embarras, d'autant plus que toute la gloire reviendra à Dieu.

Je partage notre histoire, dans l'espoir de mettre l'emphase également sur la nécessité absolue de demeurer dans la pureté, dans la sanctification, loin de toute immoralité sexuelle, car notre Seigneur est un Dieu Saint, qui n'accepte pas la souillure. Si nous prétendons être ses fils et filles, ne sommes-nous pas appelés à vivre selon les mêmes standards ? J'ai vu des couples, destinés à être ensemble, dont les mariages ont été retardés, attaqués, remis en question, parce qu'ils vivaient dans le péché. Il est très important pour nous de comprendre à quel point le sexe est une porte d'accès très grande que malheureusement bon nombre continue d'ouvrir si facilement à l'ennemi. Cependant, je n'aimerais pas que tu sois tellement focalisé sur ce qu'il ne faut pas faire que tu négliges la portée de mon message. Je tiens également à ce que tu saches que Dieu t'aime en dépit de tout, tu as de la valeur à ses yeux. Il veut habiter en toi, car ton corps est le temple du Saint esprit. Et il tient à ce que tu le gardes pur non pas parce que le sexe est quelque chose de dégoutant - comme certains cherchent à le faire croire pour effrayer ou dissuader les jeunes- mais parce que, le seul contexte dans lequel les relations sexuelles sont source de joie, de bonheur, d'harmonie et surtout bénéficient de la protection du Très haut, sont dans le cadre du mariage entre un homme et une femme.

Plus qu'une cérémonie

Si le sexe n'est pas une raison valable pour se marier, l'idée d'une belle fête ne peut pas non plus en être une. Certains aiment juste l'idée d'être amoureux, le concept de l'amour. Peu importe la personne, aussi longtemps qu'ils n'ont pas à rester seuls. Ils présument que la vie en couple est toujours plus agréable, plus facile. Dans notre société aujourd'hui, le mariage se réduit à la cérémonie, a la célébration. On investit beaucoup plus de temps et surtout beaucoup d'argent dans la préparation du jour de mariage, oubliant de mettre l'accent sur la « vie de mariage ». Toutes questions importantes reléguées au second plan, jusqu'au jour où les difficultés surviennent, les désaccords se multiplient, les défis s'intensifient. Organiser un mariage, planifier la cérémonie ou la réception, rien de bien difficile n'est-ce pas ? On a tous, plus ou moins, une idée des différentes tâches, différents comités, etc. Cependant les exigences, les obstacles, les contrariétés, les mésententes, les déceptions, les échecs, la pression ou la désillusion, très peu sont préparés à y faire face. Comment arrive-t-on à fusionner idées, rêves, ambitions, habitudes et styles de vie ? Il faut bien plus que le meilleur « event planner » ou la meilleure coordinatrice. La vie à deux, ça s'apprend. Comment aimer l'autre, le respecter, l'honorer et le chérir ? Comment prendre soin d'une personne lorsqu'on a déjà tellement de mal à le faire pour soi-même ?

Chaque mariage est différent, chacun a sa particularité. Mais le principe demeure le même pour tous. C'est l'éternel qui bâtit ! Car *Si l'Éternel ne bâtit la maison c'est en vain que travaillent les bâtisseurs* (Psaume 127 :1) Pour réussir cette nouvelle aventure à deux, pour avoir une vie de couple qui dure plus longtemps que le temps de célébration, alors apprenez à bâtir ensemble. Apprenez à écouter Sa voix et à suivre ses commandements.

Le mariage : La fin ou le commencement ?

Nous ratons souvent la cible en déterminant nos attentes lorsque nous considérons le mariage comme étant la solution à nos problèmes, la fin d'une vie remplie de troubles, tristesse, solitude et souffrance. À penser que le mariage est un accomplissement, une fin en soi ou même une compétition, certains l'ont réduit au port d'un bijou étincelant.

Il est important de réaliser que notre perception

du mariage a aussi une grande incidence sur notre approche. Avons-nous laissé croire aux hommes que leur seule obligation était de s'asseoir devant le maire et nous mettre ce magnifique anneau au doigt ? Le refrain n'est-il pas « si tu l'aimes, vas-y, mets-lui la bague » ? Aussi simple, n'est-ce pas ? Et ça y est. Le tour est joué. L'histoire prend fin. Et nous sommes étonnés de constater des hommes n'ayant aucune notion de leurs responsabilités conjugales, certains pensant avoir fait une faveur à la femme pour l'avoir épousée.

Aucun homme, aucune femme n'a été créé pour te rendre complet ou pour donner sens à ta vie. Dieu a créé Eve afin que l'homme ne soit pas seul dans l'accomplissement de sa mission terrestre. Il a fait d'elle une aide. Jamais il n'a été mentionné que l'un des deux soit incomplet. Nous devons donc ôter cette croyance de notre esprit, celle qui suggère qu'une femme n'est pas complète tant qu'elle n'est pas mariée. Cette doctrine qui vise à n'accorder de valeur à la femme, qu'en présence d'un homme. En y croyant, nous avons réussi à détourner les femmes de leur mission première : servantes de Christ, disciples, adoratrices, porteuses de vie, gardiennes du jardin. Nous les avons dépouillées de leur autorité « et elle écrasera la tête du serpent » (Genèse 3 :15), avons tout simplement réduit leur existence, leur valeur à leur capacité à pouvoir garder un homme. Et voici l'une des raisons pour lesquelles la femme se sent plus ou moins condamnée à accepter de vivre mariée, dans les pires conditions, acceptant toute sorte d'abus plutôt que d'être seule. Ce que nous ignorons, c'est que nous nous sommes manipules par Satan, qui ne cherche qu'à nous détourner de la voie de Dieu. C'est lui l'ennemi de notre âme. Ces mensonges qui proviennent de lui, auront induit plus d'une génération en erreur. Aujourd'hui, nombreuses sont ces femmes brimées, méprisées et stigmatisées parce qu'elles ne sont pas mariées. Elles sont indexées, dévalorisées, catégorisées comme faisant partie d'une classe à part. Comment notre statut matrimonial pourrait-il devenir symbole d'échec ou de réussite ? Certes, toute femme nait avec un besoin intrinsèque de se sentir aimée, de se sentir protégée. Ce besoin est légitimé par sa nature, et est en parfait agrément avec le plan de Dieu. Ceci ne doit jamais être considéré comme un défaut de fabrication, recherchant à déposséder les femmes de leur essence, leur rôle et leur place dans le Royaume. N'oublions pas que nous sommes tous ensemble appelés l'épouse de Christ. Notre valeur est directement liée à notre relation avec le Père, notre identité spirituelle et non pas notre situation matrimoniale. Les femmes demeurent une aide indispensable aux hommes, qu'elles soient célibataires ou mariées. Le mariage n'est pas le but de cette vie. Ce n'est que le début d'un nouveau chapitre, d'une nouvelle histoire. C'est un choix, un pas que certains choisissent volontairement de ne jamais franchir. Cependant, on ne peut pas rejeter le mariage pour vivre dans le péché, avec le conjoint de l'autre. Peu importe le choix que l'on fait de rester seul ou marié, rappelons-nous que nous sommes tout d'abord appelés à développer notre relation avec le SEIGNEUR, comprendre cette alliance qui nous unit à Lui, l'honorer dans chacun de nos actes.

6
SANS ATTACHES

De plus en plus, la notion de crédit prend une ampleur considérable. Tous préfèrent acheter maintenant et payer plus tard. Le problème, c'est que nous obtenons la voiture, la maison ou autre, mais quand la facture arrive, l'article du coup, a perdu sa valeur, il n'a plus autant d'éclat. Comme on le dit, le « remords de l'acheteur ». Si l'on pouvait ramener ou trouver un moyen pour ne pas payer, beaucoup le feraient. La preuve, hommes et femmes approchent les relations sous cet angle, avec la même mentalité. Personne ne veut s'engager. Dans la société actuelle, les relations libres ou « open » comme on le dit, deviennent la norme. Chacun cherche à garder ses options libres. N'est-il pas dit de ne jamais placer tous ses œufs dans le même panier ? Mais est-ce là le principe qui devrait régir nos vies, nos relations entre homme et femme ?

Vivre ensemble

S'il est impossible d'affirmer de façon absolue que la cohabitation avant le mariage augmente les risques de divorce, il demeure encore plus difficile de soutenir le contraire. Cependant, de nombreux couples insistent sur le fait que vivre ensemble avant le mariage pourrait donner un aperçu, un avant-goût de ce que leur vie conjugale serait. Ce serait, selon eux, l'opportunité de « *tester les eaux* » avant de s'engager pour la vie, histoire de mieux se préparer à affronter les défis de la vie, avoir une meilleure idée de leurs qualités, faiblesses ou autre habitude ou trait de personnalité importants. Alors, ils décident de cohabiter, dans l'espoir de « régulariser » leur situation plus tard. Ce qu'ils ne réalisent pas, c'est que le mariage ne commence pas dès lors que l'on vit sous le même toit. Car il n'y a véritablement pas d'engagement formel, pas d'attachement effectif ; la porte de sortie reste grandement ouverte. Au mieux, on a un lit, quelques factures à partager, et des enfants à éduquer pour certains. Jamais nous n'imaginons que cette situation de cohabitation ne sert juste qu'à créer un faux sentiment d'appartenance ou de sécurité ; elle nous fait vivre une réalité éphémère, souvent trompeuse. Vivre ensemble peut paraitre un grand pas, mais ce n'est rien en comparaison à la décision d'unir sa vie à l'autre pour l'éternité. Et c'est d'ailleurs la raison pour laquelle celle-ci semble plus attrayante ; car elle offre une porte de sortie bien plus facile à enjamber, lorsqu'on n'en veut plus. Pas besoin d'avocat, de pasteur, ou même de parents dans certains cas. Ce que nous ignorons ou choisissons d'ignorer, c'est que le mariage est un engagement à vie, une décision des plus importantes ; c'est la promesse et le choix d'aimer, d'honorer, de respecter, de protéger, de pourvoir et de se soutenir l'un et l'autre pour le restant de notre vie. Cet aspect, peut paraitre bénin, mais il n'en reste pas moins la grande différence. Il y a une assurance que le mariage devant Dieu et les hommes apporte que la cohabitation ne pourrait jamais apporter : cette détermination, cette volonté de se battre contre vents et marées. Cette conscience profonde de la responsabilité qui incombe à chacun des époux. Mais de moins en moins de gens veulent assumer cette responsabilité, de prendre soin d'une personne autre qu'eux-mêmes, avec qui ils devront partager bien plus qu'ils n'aimeraient le faire, pour qui ils devraient sacrifier bien plus qu'ils n'en sont capables.

Ce qui a été sera encore

Tout le monde veut profiter des avantages du mariage sans en payer le prix, sans avoir à en assumer la responsabilité. N'est-ce pas ce que nous faisons avec Dieu ? Nous voulons Ses bénédictions mais rejetons Sa présence. Nous demandons grâce et faveur, voulons qu'il agisse dans nos situations, déplace les montagnes, mais nous n'avons pas de temps à lui consacrer dans notre emploi du temps trop chargé. Il est vrai que nous avons changé de paradigme, la société est dite postchrétienne, mais nous ne pouvons rester aveugles à tout ce qui est en train de se passer autour de nous. Si une personne est considérée démente pour répéter les mêmes actions, espérant un résultat différent, alors nous pourrions être considérés comme tels. Se livrer aux plaisirs de la chair, baigner dans l'immoralité sexuelle, l'idolâtrie, la débauche, l'homosexualité, l'adultère ou la fornication en espérant que Dieu agisse différemment. Ces actes sont-ils de 'nouveaux' péchés ? Aurions-nous oublié les récits de Sodome et Gomorrhe? La femme adultère ou la Samaritaine qui vivait avec un homme qui n'était pas son mari ? Qu'est-ce qui nous fait penser que ce qui s'est passé ne se reproduira plus ? Dieu n'est-il pas le même hier, aujourd'hui et pour l'éternité ? A-t-il changé ?

    Les hommes peuvent redéfinir ou même actualiser la définition du mot péché, notre perception de la réalité peut nous faire défaut, mais Dieu ne s'y méprendra pas. Choisirons-nous d'évoluer avec le monde, plutôt que de nous arrêter sur la parole de Dieu ? Serons-nous dupes ? Allons-nous aussi nous adonner au culte du veau d'or ? Certes, les faits semblent être différents, les temps ne sont plus les mêmes, aucun d'entre nous n'adorent des statues mais toutes les idoles ne sont pas nécessairement des statues faites de main d'homme. Nous ne pouvons pas attendre la promesse, alors nous créons notre propre voie. Le peuple d'Israël ne pouvait plus attendre le retour de Moïse, ils se sont fabriqués un dieu. On ne peut pas attendre l'époux ou l'enfant qu'Il nous a promis, alors on part à la recherche de notre Ismaël. On ne veut pas se soumettre aux autorités religieuses, alors on part fonder notre propre église. On ne peut pas attendre le mariage alors on vit ensemble, en concubinage. Tout ce que nous voyons, tout ce que nous faisons, d'autres avant nous l'ont fait. Ce n'est qu'une réplique moderne des temps anciens. Nous serons vraiment naïfs de croire que nous que nous serons épargnés avec de telles actions. La même cause ne produira-t-elle pas le même effet ? Qu'est-ce qui pourrait nous faire croire que ce Dieu qui a détruit les villes de Sodome et Gomorrhe, a envoyé le déluge sur son peuple, a détruit le peuple de Lot, noyés Pharaon et les Égyptiens ne fera pas de même avec nous, au vu de toutes nos obscénités, notre infidélité, notre obstination à persister dans le mal?

Peur de s'engager, esclave d'un idéal

Comme je l'avais évoqué précédemment, il semble avoir une grande inégalité quant aux exigences qui pèsent sur la femme dans le mariage, dans la vie en général. Les femmes pour la plupart, sont soumises à des normes qui semblent échapper aux hommes. Je ne suis aucunement en train d'insinuer que hommes et femmes ont les mêmes responsabilités, cependant, beaucoup trop de femmes sont soumises à des règles qui leur ont été imposes par la société et non par le Créateur. Elles doivent répondre à certains critères, passer plusieurs tests pour déterminer si elles méritent qu'on leur passe un anneau au doigt, qu'on leur accorde une promotion, etc...ainsi nous avons cette conception erronée que c'est la femme qui doit faire des sacrifices, renoncer à ses rêves, ses ambitions, à sa condition de femme, dans certains cas pour plaire à l'homme. C'est elle qui doit garantir le bon fonctionnement de la relation, en l'occurrence accepter les meurtrissures, les humiliations, les abus et les infidélités. Le problème n'est pas seulement dû au fait que les hommes aient placé toutes ces exigences, il est d'autant plus grave parce que les femmes les ont acceptées. Elles sont arrivées au point de se dévaloriser, compromettre leurs valeurs, faire toutes sortes de sacrifices pour avoir une alliance au doigt ou pour maintenir un statut.   Il est temps que nous comprenions que le mariage n'est pas une récompense pour avoir passé un test. L'amour ne se force pas. C'est un choix. Une décision que nul ne peut prendre pour l'autre. Certes, tu pourras obtenir une bague par la force, mais tu ne pourras jamais avoir son cœur. Il pourrait partager son lit avec toi, mais il ne partagera pas sa vie. Il pourrait t'appeler son épouse mais ne te traitera jamais comme tel. Si tu ne sais pas ce que tu vaux, si tu ne reconnais pas les trésors que Dieu a placés en toi, alors tu te vendras certainement à vil prix. Tu permettras à un homme de déterminer ta valeur. Ne cherche pas ton identité auprès d'un autre ; ta valeur se trouve en Jésus-Christ. Passe du temps dans sa parole, tu découvriras combien tu es important à ses yeux. Il l'a déjà prouvé sur la Croix de Golgotha. Si notre Seigneur Jésus Christ, notre époux, a payé le prix avant même de nous avoir, pourquoi nous, les femmes, pensons que les hommes aient le droit de nous utiliser, nous abuser, nous mettre à l'épreuve avant de s'engager ? Pourquoi leur permettre de "tester" avant l'achat ? Et je n'insinue aucunement que nous soyons des objets ou des marchandises, mais juste que nous comprenions l'enjeu.

La femme est porteuse de vie - je n'insisterai jamais assez ; cela signifie que Dieu nous a donné le pouvoir de déclarer la vie sur nos enfants, nos circonstances, nos communautés, notre société, tout ce qui se trouve en nous, et autour de nous. Si nous comprenons véritablement les implications de cette affirmation, les choses se passeraient différemment. L'homme ne fera à la femme que ce qu'elle est prête à accepter. Il ne prendra que ce qu'elle est disposée à offrir. (Je ne fais pas cas du viol, ou violence domestique, bien sûr, je me penche seulement sur ce qui relève de l'ordre normal des choses). Aucune personne n'irait à la banque retirer de l'argent sur un compte qu'ils n'ont jamais approvisionné, du moins sans être qualifié de voleur. De même, aucune femme ne devrait permettre à un homme de profiter des avantages du mariage pendant qu'il refuse d'en accepter les responsabilités légales, morales et spirituelles. Les femmes ne peuvent pas être mises à l'épreuve. Elles ne devraient pas non plus « honorer » des vœux imaginaires- qu'elles n'ont même jamais prononcés pendant que les hommes ont le champ libre pour sauter sur tout ce qui bouge. Femme, reprends ta place ! Récupère ce qui est à toi. Vis selon les principes de Dieu et non des règles sexistes visant à te dégrader, t'humilier et t'appauvrir physiquement, moralement et spirituellement.

PARTIE 3

UNITÉ SOUILÉE

7
L'AMOUR, QU'EN EST-IL ?

Aujourd'hui, il n'y a pas de différence entre le mariage chrétien et les autres. Nous appliquons la sagesse du monde à cette institution divine, espérant tirer le meilleur des deux Mondes. Nous voulons un mariage selon Dieu, mais refusons de nous plier à ses exigences. Nombreux sont ceux qui ont adoptés cette philosophie selon laquelle le mariage a pour but de nous rendre heureux, justifiant ainsi le divorce au cas où l'un des deux ne se sentirait plus heureux. C'est ainsi que des mariages ont été détruits, des familles déchirées. Le monde nous dit que si on n'en a plus envie, on peut simplement rompre notre vœu de mariage. Si les choses ne se passent pas comme prévu, alors on a le droit de tout abandonner, sans regarder en arrière. Et si notre vie nous parait banale, alors nous avons le droit de chercher à l'agrémenter un peu, en invitant une tierce personne dans notre relation.

La société tente aussi de nous faire croire que le mariage devrait être un conte de fées, une vie pleine de romance, de câlins et de baisers. Mais ce qu'ils omettent de mentionner, c'est que tout cela n'est que de l'utopie. Ce genre de relation à l'eau de rose, n'existe que dans les films. Ils promettent que dans le mariage personne ne verserait de larmes, sauf des larmes de bonheur. Ils ajoutent que votre bien aimé ne vous fera jamais mal, ne vous contrariera presque jamais, répondra à toutes vos attentes et au-delà. Tout ira comme sur des roulettes, et si cela n'est pas le cas, alors vous devriez y mettre fin et trouver celui qui sera capable de vous faire rire tous les jours, deviner vos pensées les plus secrètes, etc. Cela aurait été parfaitement acceptable, si le mariage était un jeu, un film, une chanson ou tout simplement une chose qui émanait de la volonté de l'homme, de sa sagesse, de son intelligence, une invention ou une découverte de l'homme. Mais nous le savons tous, cela n'est pas le cas. J'aurais également pu accepter cette idée si je pouvais affirmer, sans aucun doute que ceux qui le disent, eux-mêmes croient au mariage. Mais j'en doute !

   Si nous savons que celui qui domine le monde n'a pour seul objectif que de tuer, voler et détruire tout ce que Dieu a placé entre nos mains, dans nos esprits, et dans nos cœurs, alors comment pouvons-nous croire que ce même être nous donnera les outils nécessaires pour avoir un mariage réussi ? Qu'est-ce qui nous pousserait à croire que son intention est de nous aider à préserver la sainteté du mariage ? Pouvons-nous être si naïfs à vouloir suivre ses conseils ? L'être le plus arrogant, le plus égoïste serait-il capable de mettre son ego en veilleuse pour nous ? Ne nous méprenons guère. Satan n'a d'autre but que de détruire l'Alliance qui nous unit à notre Seigneur. Il ne sait aimer personne d'autre que lui ; il n'obéit à aucune règle, ne se soumet à personne. N'est-ce pas l'attitude qu'il aimerait que nous adoptions dans nos relations ? Égoïste. Égocentrique, tourné vers nous. Rien à voir avec l'amour de Dieu.

Laisse-moi te demander. Quelle conception du mariage as-tu adopté ? Quels principes appliques-tu, espérant recevoir les promesses et les bénédictions que Dieu a promis donner à ses enfants ?

L'amour n'est pas égoïste

Les hommes sont appelés à aimer leurs femmes, et les femmes ont pour instruction de respecter leurs maris, de leur être soumis. Hommes et femmes ont été créés avec la même mission (se multiplier, dominer la terre, l'assujettir), mais avec des désirs et des besoins différents, avec des capacités différentes. Le besoin le plus important d'un homme, c'est de se sentir respecté. Il doit se sentir comme un roi, apprécié, admiré, célébré. Malheureusement, les femmes aujourd'hui ne veulent plus se comporter en reine, ou du moins ne s'attendent pas à être traitées comme tel. Elles préfèrent porter une couronne plus grosse que celle de l'homme, lui déniant ainsi l'autorité que Dieu lui a donnée.

De même, la femme a été façonnée pour répondre à ce besoin vital de l'homme tout en lui apportant l'aide dont il a besoin pour accomplir les desseins du Créateur. Mais elle a également des besoins. Le plus important, celui de se sentir aimée. La femme doit se sentir appréciée, désirée, protégée. Ce n'est pas par pur hasard que l'homme a cette capacité, ce besoin de défendre et de protéger. Le fait qu'il se définisse par rapport à ce qu'il fait, le travail qu'il a ou la position qu'il occupe n'est pas une coïncidence. Malheureusement, hommes et femmes sont de moins en moins préoccupés à remplir leurs devoirs respectifs ; chacun cherche plutôt à se faire plaisir, à faire ce qui « l'arrange ». Les hommes cherchant à se faire respecter du mieux qu'ils peuvent, les femmes cherchant à se faire aimer par leurs propres moyens.

L'amour n'est pas égoïste. Chacun de nous est appelé à faire passer l'intérêt de l'autre avant le sien, par obéissance à Dieu. L'amour ne recherche pas son propre intérêt. Aucun mariage ne peut prospérer a moins que ces principes ne soient respectés. Nous ne recevrons jamais ce que nous ne sommes pas prêts à donner. On ne peut récolter ce que l'on n'a pas semé. Si tu penses que ton conjoint ne mérite aucun sacrifice, ne mérite pas que tu fasses des concessions ou réajustements dans ta vie, alors tu ne seras pas digne d'hériter des bénédictions de Celui qui l'a créé à son image.

Jésus Christ appelle l'Église, son épouse. Mais nous voyons de plus en plus des hommes de Dieu, des bergers, prêtres ou pasteurs, tirer profit du peuple. Ils n'ont de motivation que leur propre gain. Que pourront-ils récolter ? Ils se soucient plus des dimes et offrandes qu'ils ne se préoccupent du salut des âmes, de leur croissance spirituelle. Ils devisent constamment de nouveaux plans, nouvelles tactiques pour tromper, dérober ou opprimer les fidèles. De la même manière que le mariage est devenu transactionnel, l'église aujourd'hui représente pour beaucoup une entreprise lucrative. Des pasteurs recherchant à posséder des jets privés, voitures de luxe ou des châteaux, plutôt que de se dévouer entièrement à l'œuvre de Christ, visant à guérir, conduire le peuple et le tirer hors des griffes du malin, en prêchant la sainte parole contenue dans les Évangiles. Pouvons-nous manipuler la parole de Dieu à notre profit ? Combien de temps pensons-nous que Dieu restera silencieux ?

Les fidèles aussi ont leur part de responsabilité. Il nous appartient à tous de rechercher la vérité, de méditer la parole de Dieu afin de ne pas tomber dans le précipice. Certains veulent avoir des prophètes personnels, « prophétie sur commande », je les appelle. Des partisans du moindre effort, voulant manger dans la bouche des autres. Ils ne veulent pas grandir dans la foi, faire le pas requis pour avoir la révélation de la parole de Dieu mais préfèrent s'accrocher à ces marchands, vendeurs d'illusions et de fausses promesses. D'autres ont fait de l'église une activité à cocher sur leur feuille de route, participant aux activités qui répondent à leurs intérêts, sans jamais chercher à savoir ce que le Père attend d'eux. Beaucoup sont ceux qui ne sauraient manquer une retraite de prière, veillée ou tout autre événement tant qu'ils ont besoin de Dieu, soit pour un emploi, un conjoint, un enfant ou des besoins d'ordre purement matériel. Et dès que ce besoin est satisfait, n'ont plus le temps pour louer Dieu. Il est facile de se fâcher contre le Pasteur parce qu'il n'a pas fait tel ou telle chose. Il est facile de pointer les fautes chez les autres, pour justifier notre manque d'engagement, manque de sincérité. Pouvons-nous tous admettre nos fautes ? Pouvons-nous accepter nos responsabilités et faire le choix de se regarder dans le miroir et changer les choses ? Reconnaître que malgré notre bonne volonté, nous continuons de faillir à notre mission et avons recours à notre nature de pécheur, qui nous pousse à assouvir nos désirs ou ambitions et à satisfaire nos propres intérêts ? Pouvons-nous sincèrement faire notre mea culpa et inviter le saint esprit à changer nos cœurs et renouveler notre esprit ? Car nous ne pouvons pas continuer à nous plaindre des choses que nous ne sommes pas prêts à changer. Nous ne pouvons pas attendre des autres un comportement que nous ne sommes pas disposés à démontrer nous-mêmes. Nous ne pouvons pas demander au Seigneur de nous bénir quand nous refusons continuellement de lui obéir et de nous soumettre à Sa parole. Nous ne pouvons pas demander à notre conjoint de nous aimer lorsque notre définition de l'amour nous place au centre.

L'amour n'envie pas

"Ton conjoint n'est pas ton ennemi". On n'a de cesse de le dire. Pourquoi ? Est-il même nécessaire d'en faire mention ? D'où vient ce besoin de clarifier ce point ? En effet, la relation récente entre hommes et femmes semble avoir pris une nouvelle tournure, n'est-ce pas ? Plus que jamais, la compétition s'intensifie dans les deux « camps ». On se considère comme des adversaires plutôt que des partenaires. Les hommes continuant à faire taire les femmes ou à les opprimer d'une façon ou d'une autre, les faisant se sentir soit invisibles soit inutiles. Ainsi, les femmes ont choisi de se rebeller en émasculant les hommes, leur arrachant le bâton. Elles veulent désormais tenir les rênes.

Quelques-unes ont simplement décidé de créer un nouveau monde avec très peu ou quasiment aucune présence masculine. On y reviendra. Pour l'heure posons-nous cette question : est-ce cela le plan de Dieu ? A-t-il créé l'homme et la femme afin qu'ils deviennent des adversaires ? La réponse est évidente. Notre père céleste n'a jamais eu pour intention de nous voir nous engager dans ce combat subtil mais si féroce. Maris et femmes ont tous deux perdu leur capacité à communiquer. Ils se regardent les uns les autres plutôt que d'avoir les yeux fixés sur le Père. Ils ne voient que leurs défauts, leurs différences désormais devenues source de conflit plutôt que de force. Et chacun de blâmer l'autre.

Notre manque de foi en Dieu, notre manque d'intimité a entraîné la suspicion, la méfiance et le doute dans notre relation avec les autres et nous a conduit à devenir jaloux et envieux les uns des autres. Nous ne savons plus nous réjouir du bonheur de l'autre, célébrer leurs accomplissements comme étant un bonheur commun, une joie partagée. Malheureusement, le succès de l'autre ne vient que trop exacerber notre propre échec. Et là où l'on devait encourager, on choisit de critiquer ; là où on devait apprécier, on préfère humilier ; ce qui devait être construit on préfère détruire. Je ne peux m'empêcher de me demander si ces traits de caractère que nous avons adopté, que nous démontrons si souvent, ne sont pas là le signe évident que nous nous sommes détournés de la voie de Dieu, de Son plan ? *"Vous appartenez à votre père, le diable, et vous voulez accomplir les désirs de votre père.* (Jean 8 :44). Nos actions glorifient-elles Dieu ou le diable ?

Hommes et femmes apprécient de moins en moins le don précieux que Dieu nous a fait en la personne de notre conjoint. Nous ne percevons pas leur valeur ou choisissons de ne pas le faire, chaque fois que nous ne pouvons pas reconnaitre la nôtre. Ce sentiment d'insécurité nous ronge. Et nous les piétinons de la même manière que nous avons agi avec notre Seigneur Jésus, parce que nous n'avons pas su reconnaître Sa valeur. Connais-tu la valeur de ton conjoint? La traites-tu comme une extension de toi-même ? Le traites tu avec mépris et dédain ? Êtes-vous amis ou ennemis ? Êtes-vous partenaires ou adversaires ? Lui donnes-tu l'amour, le respect qui lui sont dûs ?

Nul ne doit se sentir supérieur à l'autre. Nous sommes égaux mais différents, et ce, pour accomplir la même mission, mais aussi pour refléter la lumière de Christ. Nos différences ne sont pas une preuve de faiblesse mais plutôt un témoignage de la puissance de Dieu. Apprenons à lui redonner la gloire en aimant, en honorant cette personne qu'IL a placée dans nos vies.

L'amour ne déshonore pas

Vous souvenez-vous des vœux que vous avez prononcés le jour où vous avez décidé d'unir vos vies pour l'éternité ? *Je te prends pour être mon mari/femme. Pour le meilleur et pour le pire, dans la richesse ou la pauvreté, la santé ou la maladie. Je m'engage à t'aimer et te chérir, à t'être fidèle jusqu'à ce que la mort nous sépare.* Fais-tu tout ce qui est en ton pouvoir pour tenir cette promesse ? Qu'est-ce qui t'en empêche ? L'amour vient de Dieu. C'est Lui seul qui peut remplir nos cœurs d'un amour sans faille, sans limite. Chaque fois que nous sortons de sa présence, nous éloignons de sa volonté, nous créons aussi une séparation avec notre conjoint. La main de l'Éternel n'est pas trop courte pour nous sauver, mais ce sont nos péchés qui nous éloignent de sa face (*Esaïe 59 :1-3*). Ce sont nos paroles, nos actions qui créent un fossé entre nous et Dieu. Lorsque nous humilions notre époux/épouse, lorsque nous leur manquons de respect en privé ou en public, que nous les abusons physiquement ou émotionnellement, lorsque nous ne parvenons pas à créer une atmosphère de paix, d'amour et de joie par le biais du saint esprit, alors nous bafouons ces mêmes vœux que nous avons formulés, ouvrant ainsi une porte à l'ennemi. As-tu posé des actes, prononcé des paroles, dit des mensonges qui commencent à te rattraper ? Quelle que soit la situation, il n'est jamais trop tard pour rectifier le tir. Rappelle-toi la main de l'Éternel n'est pas trop courte pour sauver. Tout commence par un changement de cœur et une décision de marcher dans la vérité. L'amour se réjouit de la vérité[25].

L'amour n'est pas orgueilleux

« *L'arrogance précède la ruine, Et l'orgueil précède la chute.* » *(Proverbes 16 :18)*. Combien de mariages ont été

---

[25] 1 Corinthiens 13

détruits à cause de l'orgueil ou de la rancune ? Le manque de pardon qui conduit à la ruine. Le mariage n'est pas un arrangement dans lequel chaque partie cherche à tirer profit. Nous sommes appelés à aimer notre prochain comme nous-mêmes. C'est cet amour désintéressé qui nous pousse à faire des sacrifices et des compromis simplement pour voir l'autre devenir ce à quoi Dieu l'appelle, et pour qu'ensemble nous soyons à la hauteur de la tâche qui nous a été confiée. Il ne s'agit pas de qui pourra tenir tête plus longtemps. Il n'y a pas de "je" dans une équipe. Si ton conjoint perd, vous perdez tous les deux. Il est très difficile de pardonner ou de faire confiance à nouveau lorsqu'on a été blessé, déçu, trahi, maltraité ou rejeté, mais l'amour couvre une multitude de péchés. Demande à Dieu la force de pardonner. Si la lumière et l'obscurité ne peuvent coexister, il en va de même pour l'amour et l'orgueil. L'orgueil vient du malin, pas de Dieu ; il pousse à se concentrer sur soi, tandis que l'amour est orienté vers l'autre. Sans Dieu, il n'y a pas d'amour, donc pas de mariage. Seul l'amour de Dieu nous permet de pardonner et de nous soumettre.

8
LES PIÈGES DU SEXE

Au commencement, l'homme et la femme étaient tous les deux nus et n'avaient aucune honte. J'ai utilisé cette référence plus haut pour mettre en évidence la nécessité pour chaque couple de marcher dans la vérité, en toute honnêteté, en toute transparence, ouvert l'un à l'autre. Cependant, il y a une autre dimension qui doit être abordée : l'intimité.

La nudité d'Adam et d'Eve était aussi physique. Dieu a voulu qu'ils s'apprécient physiquement et sachent trouver du plaisir dans les bras l'un de l'autre ; apprendre à fusionner leur corps et devenir Un. Ils n'avaient certainement pas honte de montrer leur tâche de naissance, cellulite ou autre partie moins belle. Rien ne semblait pouvoir ternir la joie qu'ils avaient d'être ensemble, sans se sentir jugés ou critiqués. Pouvons-nous en dire de même ? Peux-tu te tenir nu devant ton conjoint sans te sentir embarrassé ? Quels mensonges de l'ennemi as-tu accepté de croire ? Considères-tu le sexe comme un cadeau ou une malédiction, un serviteur ou un maître ?

Aussitôt après qu'ils aient goûté au fruit défendu, Adam et Eve ont été envahis d'une gêne sans pareille, un grand sentiment de culpabilité. Ils ne pouvaient plus se tenir nus, devant leur créateur et ont dû se recouvrir avec des feuilles de figuier, signalant ainsi la fin de l'intimité qu'ils partageaient avec Dieu, mais aussi l'un avec l'autre. Tout à coup, l'insatisfaction avait fait son entrée. La couverture de Dieu, sa protection et son amour n'étaient plus assez. As-tu permis à l'ennemi de détruire ton intimité avec ton conjoint, de te paralyser par la peur, l'embarras ou un sentiment de culpabilité ?

Honte sous les draps

Il est temps d'abandonner ces idées erronées que nous avons laissées s'infiltrer dans notre esprit, ces mythes autour desquels nous avons définis la nature de la relation physique entre mari et femme. Il est temps de rejeter ces faux concepts, fausses doctrines auxquels nous avons cru et qui sont à l'origine de nombreux problèmes conjugaux. Trop de couples préfèrent ne pas aborder la question de sexualité dans le mariage, parce que nous avons réussi à en faire un sujet tabou. D'autres encore l'ont perverti et réussi à lui faire perdre son caractère sacré et voire privé. Le sexe est aujourd'hui devenu comme un moyen d'échange, un outil de domination ou de manipulation. Son caractère privé ne sous-entend pas qu'il ne faille en parler ou encore qu'il faille en avoir honte, mais il signifie plutôt que l'intimité dans le couple ne devrait pas faire l'objet de vidéo qui circulent sur l'internet par exemple ou utilisée comme outil commercial comme on le constate depuis ces dernières années.

Combien de personnes se sont mariées sur la base d'une attirance sexuelle ou pour se sentir libéré sexuellement, pour ensuite réaliser que rien d'autre ne les unissait à leur partenaire ? D'autres aimeraient carrément supprimer cette « exigence » de leur contrat de mariage. Ils affichent librement cet air dégoûté chaque fois que la question est abordée, soit par pure gêne soit parce qu'ils éprouvent très peu ou même pas de plaisir. Le sexe ressemble plus à une besogne, à une punition plutôt qu'un instant de partage, un autre moyen de communication et de rapprochement des époux, un moyen de donner et de recevoir de l'amour. Quelle pourrait en être la raison ? Serait-ce à cause de notre culture, des images bestiales que nous avons vu à l'écran ou encore ces abus sexuels dont bon nombre ont été victimes ? Combien encore associent leur expérience sexuelle à un moment douloureux ou une source d'humiliation parce que l'homme ne cherche qu'à exercer une certaine domination. Quoiqu'il en soit, il semble qu'hommes et femmes ne soient pas toujours au même diapason sur le sujet.

Les mauvais souvenirs du passé ou leur incapacité à exprimer librement leurs désirs leur rendent la tâche plus difficile. Comment apprécier ce moment de pur délice si l'on n'a pas le sentiment d'être aimé, compris ou si l'on ne se sent pas en confiance ? Et certains de se livrer à l'acte sexuel sans jamais s'investir émotionnellement, voulant préserver le mythe selon lequel cela n'a aucune incidence sur nos sentiments, nos émotions ou notre âme. Mais nous devons comprendre qu'à travers cet acte plein de passion et de tendresse à la fois, le Seigneur nous donne de renouveler nos forces, de nous rapprocher davantage de notre conjoint tout en créant un nouvel espace pour eux dans nos pensées, dans nos cœurs. L'acte physique est bien plus que deux corps qui se mêlent ;

c'est une occasion pour nos âmes de fusionner. C'est une opportunité pour partager nos pensées et nos sentiments les plus cachés afin de créer une symbiose parfaite et briser toutes barrières. Et à cause de toutes ces implications, il est seulement réservé aux personnes mariées et doit demeurer sacré.

Épouses-Trophée, esclaves sexuels

Beaucoup d'adolescents, en particulier les filles sont ignorantes de leur corps, de leur sexualité. Elles grandissent en apprenant à refouler leurs désirs. Une fois atteint l'âge adulte, elles semblent ne pas pouvoir embrasser cette idée selon laquelle l'acte sexuel est une expression d'amour, une forme de communication et elles n'arrivent donc pas à y trouver joie et plaisir. Pour celles pour qui la première expérience a été dans le cadre d'un viol ou d'un mariage forcé, il est encore plus difficile d'apprécier ou d'éprouver un quelconque plaisir ou une envie d'y participer. Comment pourraient-elles apprécier lorsqu'elles se sentent dépouillées de leur dignité ou encore lorsqu'elles n'ont jamais été enseignées ? Ce cycle doit être brisé.

Filles et garçons, tous deux ont le droit de recevoir une éducation sexuelle fondée sur la parole de Dieu, être préparés aux exigences et aux responsabilités des époux dans le mariage. Mais le plus important c'est d'être conscient des tactiques que le diable utilise pour pervertir et séduire nos enfants et les emmener sur le chemin de la perdition. On ne doit pas avoir peur de parler librement de ce à quoi nous sommes appelés en tant qu'homme et femme, tout en maintenant un certain respect de leur âge, de leur environnement et tout autre facteur, sinon nous courons le risque d'avoir des extrêmes dans les deux cas.

Un autre aspect également à évoquer, c'est celui de ces femmes qui, dans le mariage, sont traitées comme des esclaves ou objets sexuels par leurs époux. Même dans cette ère où les femmes sont dites 'émancipées', indépendantes, beaucoup sont encore considérées comme des objets. Aux yeux de certains hommes, elles représentent encore un moyen pour parvenir à leurs fins. Le seul moment où ils leur reconnaissent une pseudo valeur, c'est pour satisfaire leurs désirs charnels. Combien utilisent la force pour dominer leurs épouses ? S'il est vrai que beaucoup de femmes demeurent impuissantes, sont maltraitées ou abusées même sexuellement, nous ne pouvons pas nier le fait que certaines ont également utilisé leurs attributs physiques pour séduire, attirer et même maintenir une certaine emprise sur les hommes.

Joyau caché

Beaucoup trop d'hommes et de femmes souffrent en silence. Nombreux sont ceux qui ont cru aux mensonges de l'ennemi. Et ils ont soit construit leur mariage autour de leurs prouesses sexuelles ou ont simplement appris à vivre sans. Il y a une quantité disproportionnée d'informations disponibles sur le sujet. Pendant que la société nous bombarde de fausses idées sur l'amour, le mariage et le sexe, l'Église, elle, décide de rester silencieuse, à l'exception des nombreux scandales de pédophilie qui ne cessent d'exploser. On ne peut pas continuer de se focaliser sur les interdits sans jamais offrir la vérité. La réalité est la suivante. C'est Dieu qui a créé le sexe. Si c'était une mauvaise chose, Il ne l'aurait pas fait. Malheureusement, parce que nous sommes peu ou très mal informés, nous avons adopté l'approche tordue du monde et la situation est désormais devenue incontrôlable. Cependant, Dieu est capable de remettre les choses en ordre, si seulement nous suivons Son plan, Sa stratégie. En tant que parents, nous avons la responsabilité de rétablir la vérité ; en tant que leaders, en tant que disciples de Christ, nous devons briser ce silence, démolir ces pensées qui s'érigent contre la volonté de Dieu. Le silence ne répare rien, bien au contraire. Pendant trop longtemps nous avons gardé le silence par peur ou par ignorance, peut-être, pensant que la situation se résoudrait toute seule. Et aujourd'hui, nous avons des couples qui ont des attentes irréalistes, qui n'ont absolument aucune idée de l'alliance dans laquelle ils cherchent si désespérément à entrer, ils n'ont aucune idée de leurs responsabilités en tant qu'homme et femme, en tant qu'époux, en tant que parent. Maris et femmes doivent comprendre et pouvoir apprécier le cadeau que Dieu nous a fait : cette intimité qu'Il nous donne de partager avec Lui et avec notre conjoint. Trouvons le courage d'être ouverts et d'exprimer nos besoins et nos désirs, librement, sans honte, sans embarras. Il n'y a absolument aucun mal à trouver du plaisir dans les bras de l'autre. Détruisons les murs et brisons le silence, en rétablissant la vérité contenue dans la parole de Dieu. Les époux doivent pouvoir se sentir en confiance les uns avec les autres pour arriver à exprimer leurs pensées, leurs besoins. Est-ce que deux peuvent marcher ensemble à moins qu'ils soient d'accord ? Serais-tu en mesure de t'épanouir dans ta relation à moins que vous deux ne vous accordiez sur certaines choses ? Bien sûr que nous devons rester dans les limites établies par notre créateur. Sur ce point, il y a encore beaucoup de spéculations, mais quoi que vous fassiez cela doit toujours être de commun accord, en étant sensible aux besoins de chacun et en tenant compte également des différentes contraintes physiques ou émotionnelles de l'un ou de l'autre. Je ne prétendrai pas avoir toutes les réponses, mais je sais que l'Esprit Saint est celui qui nous convainc de péché, de justice et de jugement. Alors, en toute chose demandons à Dieu de nous éclairer, de nous guider.

Plus d'un

Lorsque notre mariage ressemble plus à un contrat qu'à une Alliance, il devient relativement facile de chercher son intérêt. La satisfaction de l'individu finit par l'emporter sur le bien être du couple. Comme je l'avais dit précédemment, le mariage, selon Dieu, est une alliance éternelle, et désintéressée. Un amour qui endure, qui supporte l'autre, qui n'a pas d'agenda caché, de plans secrets. Deux personnes qui ne cessent de se choisir encore et encore, en dépit des obstacles et des difficultés. Deux êtres qui décident de placer leur foi, pas en eux, mais en Dieu. Ils choisissent de faire Un avec le Saint Esprit, s'en remettre à lui pour traverser toutes les tempêtes de la vie. Au lieu de cela, nous sommes devenus des hommes et des femmes infidèles, dans nos paroles, nos pensées et nos actions. Nous avons laissé le comportement, les faiblesses de l'autre dicter nos décisions ou nos sentiments. Nous nous sentons justifiés dans notre insoumission, à réévaluer constamment les commandements de Dieu plutôt que de les appliquer. Nous avons réussi à y mettre des conditions. Les femmes se soumettent à condition que l'homme leur manifestent de l'amour et vice versa. Nous faisons des concessions ou des sacrifices, seulement à la lumière de nos propres intérêts. Nous avons appris à répondre aux besoins de notre partenaire, en leur donnant le champ libre pour mentir, tricher et tromper. L'adultère est devenu la norme. Nous avons même réussi à l'insérer comme l'une des clauses du contrat. Oh combien il aura et facile de convaincre les femmes d'accepter ce fait. Aujourd'hui, la plupart ont réussi à se faire duper, à croire que la bonne épouse c'est celle qui pardonne et accepte les nombreuses infidélités de son mari, toutes ses « indiscrétions ». Que dirait-on alors de notre Seigneur qui n'a jamais cessé de rejeter Israël et Juda à cause de leur infidélité ? Serait-il donc un mauvais époux ? D'où avons-nous tiré cette idée selon laquelle l'homme est fait ainsi et la femme devrait juste en subir les conséquences ? Qu'est-ce qui nous donne le droit d'accepter ce que Dieu lui-même a rejeté ? Est-ce notre impuissance à changer les choses, notre naïveté ou notre orgueil nous poussant à croire que nous pouvons pardonner ce que Dieu condamne ? Quelques femmes aujourd'hui, excédées ont décidé que la meilleure option était de prouver aux hommes qu'elles aussi sont capables de suivre leurs traces. Est-ce là le chemin que nous voulons emprunter ? Trouvons-nous le divorce si honteux que nous sommes prêts à tout accepter juste pour rester mariés ? Le divorce est-il vraiment la seule chose que le Seigneur déteste ?

Promesse rompue

Le Seigneur ne vous a-t-il pas fait un avec votre femme ?[26] Pourquoi alors sommes-nous infidèles les uns aux autres ?[27] D'où avons-nous tiré l'idée que l'adultère était acceptable ? Qu'est-ce qui nous fait penser que les hommes ou les femmes pourraient avoir des partenaires multiples, faire des infidélités sans en payer le prix ? Pourquoi avons-nous, les femmes accepté l'infidélité comme une situation presqu'inhérente au mariage ? Avons-nous pris la miséricorde de Dieu pour acquis ? Pensons-nous, après cet épisode avec la femme adultère que ce fait n'est seulement répréhensible lorsqu'il provient de la femme? N'avons-nous pas compris que cette femme représentait chacun de nous, épouse du Christ ?

La société a essayé pendant trop longtemps de nous convaincre que les hommes avaient une disposition physiologique, une espèce de gland qui les empêcherait de rester fidèles à une seule femme. Ils essaient de nous convaincre qu'il leur est simplement impossible d'être fidèles. Mais depuis quand avons-

---

[26] Malachie 2 :15
[27] Malachie 2 :10

nous été créés pour suivre nos instincts, comme les animaux ? Nous sommes des êtres spirituels, conduits par le Saint Esprit. Nous ne suivons pas nos sens, nos émotions ou notre intelligence. La sagesse de ce monde n'est-elle pas folie pour Dieu [28]? Les hommes seraient-ils les seuls à éprouver du plaisir ? Seraient-ils les yeux à tomber dans la tentation ? Pourquoi donc Eve se serait -elle laissée tromper par le serpent ? Cela nous montre bien que tous deux ont cette possibilité de faire des mauvais choix, de sombrer dans le péché, de succomber à la tentation. Alors pourquoi les femmes s'abstiennent-elles et permettent à leurs maris de céder à leurs pulsions sexuelles. Si les femmes croient que l'infidélité est une chose négative, l'immoralité sexuelle un péché, alors pourquoi avoir toléré l'infidélité de nos pères, de nos maris et de nos fils ?

J'ai relaté dans l'introduction (maintenant je vois pourquoi il m'avait fait partager ces détails) mon récent voyage en Côte d'Ivoire, comment le Seigneur m'avait donné ces messages sur le comportement des fils et filles de ce pays. L'immoralité sexuelle qui prévaut. En résumé voici ces mots : « Vous avez accepté ce que J'ai rejeté. Vous excusez ce que J'accuse. » Il n'y a absolument pas de confusion quant à la position de notre Seigneur concernant l'adultère, l'immoralité sexuelle. « *Que le mariage soit honoré de tous, et le lit conjugal exempt de souillure, car Dieu jugera les impudiques et les adultères.* » *(Hébreux 13 :4).*

---

[28] 1 Corinthiens 3 :19

Combien de fois encore le Seigneur a-t-il puni ou juré de détruire Israël et Juda à cause de leur infidélité ? Ne pouvait-il pas savoir que l'infidélité était au cœur de l'homme ? Pourquoi aurait-il puni quelque chose que lui-même a conçu ? Si Dieu ne tolère pas l'adultère, devrions-nous le faire ? Nous ne pouvons tous simplement pas l'accepter parce que nous nous sentons impuissant ou ne voulons pas « perdre» notre mariage. Si nous comprenions à quel point l'Alliance du mariage est sacrée, alors nous modifierons notre approche. Les hommes et les femmes n'ont pas de pouvoir, sans le saint esprit. Notre père céleste n'a jamais anticipé que nous le fassions de nos propres forces. En Jésus Christ, nous sommes de nouvelles créatures. Si Lui a résisté à la tentation, par l'esprit de Dieu en Lui, alors soumettons nous au Seigneur, résistons au diable et il fuira.

Les adultères ne brisent pas que les promesses faites à leur conjoint, ils déshonorent aussi l'Alliance qu'ils ont avec Dieu. En tant que femmes nous devons comprendre que nous serons également tenues responsables, pas pour les fautes de nos conjoints mais pour notre réponse à leur infidélité. Créons-nous une atmosphère qui favorise l'immoralité, la débauche ou vivons-nous de sorte à valoriser les normes établies par le Seigneur ? Et si nous apprenions à nous fier davantage à Dieu, cherchant à lui plaire, plutôt qu'à plaire aux hommes ? Se pourrait-il que les femmes ne croient pas que Dieu est assez puissant pour protéger et défendre leur mariage contre le péché destructeur de l'adultère ? Avons-nous permis à nos cœurs d'être remplis de fierté, et commencer à penser que notre volonté doit être la volonté de Dieu ? Combien de fois avons-nous décider d'entrer dans une relation tout en sachant qu'elle ne glorifiait pas le Seigneur ? Ce n'est pas parce qu'on est marié à l'église qu'on a accompli la volonté parfaite de Dieu.

Porter des fruits

Tu t'attendais à ce que je parle de la pornographie, la masturbation, la fornication, toutes ces choses qui nous viennent à l'esprit lorsqu'on parle de pièges sexuels. Mais non, je ne le ferai pas, pas que ce ne soit pas important mais ce n'est pas ce que le Seigneur me met à cœur. Cependant, IL veut que nous terminions ce chapitre sur ce sujet très controversé : l'avortement.

Un simple mot aux conséquences si désastreuses. Sur cette question, je dois l'avouer, je n'ai jamais eu une position claire. Malheureusement, je crois que j'aurais été de ceux que Jésus appelle "tiède", les ni chaud ni froid. Quoique je n'aie jamais personnellement considéré l'avortement comme une option, ce n'est pas non plus un acte que j'aie fermement condamné. J'ai toujours encouragé amis ou famille à choisir une voie différente que celle-ci mais je me suis toujours efforcée de rester sensibles aux opinions et aux perceptions des autres. Cependant, ces dernières années j'ai fait du Psaume 37 une de mes prières quotidiennes demandant au Seigneur de m'aider à faire de lui mes délices afin d'obtenir les désirs de mon cœur. Jamais je n'aurais imaginé qu'en le faisant je deviendrai plus radicale à certains égards, au-delà de ce que j'aurais sûrement souhaité. J'ai donc réalisé que lorsque le Seigneur nous appelle à le suivre, il ne nous emmène pas là où *Nous* désirons aller ; Il nous conduit plutôt là où *Il* a besoin de nous. Et j'ai appris que mes pensées ne sont pas toujours les siennes. En effet, les voies du Seigneur sont bien plus grandes ! Sa volonté ne peut être influencée. Sa parole ne changera jamais pour s'aligner à notre culture, nos désirs ou même nos prétendus « besoins ». Il est le même hier, aujourd'hui et pour l'éternité. Il ne change pas. Ce qu'il détestait hier ne changera pas aujourd'hui parce que la société a choisi d'évoluer. « *Le ciel et la terre passeront, mais mes paroles ne passeront point.*[29] »

Il y a donc quelques mois de cela, j'ai fait un rêve. J'étais comme dans un avion. Je me suis levée et ai emprunté cette sorte de couloir menant à l'arrière. Une fois à l'arrière, je n'avais plus le sentiment d'être dans un avion, mais plutôt dans une grande cuisine industrielle. Je me tenais debout devant une longue ligne de tables en métal, comme dans les restaurants. Il y avait une tonne de bébés, de tout petits bébés aux jambes et articulations brisés. Je voyais des hommes les réduire en morceaux, briser chaque partie de leurs corps menus. Il y en avait d'autres dans des sacs en plastique transparent, descendant d'une machine l'un à la suite de l'autre. Ils ne faisaient aucun bruit, ne poussaient aucun son. J'étais consternée, sous le choc. Mon regard s'est posé sur un bébé, en particulier. Elle était dans un sac en plastique, elle me fixait du regard,

---

[29] Matthieu 24 :35

sans bouger, immobile, presque l'air impossible ; toujours sans faire de bruit, presque figée. Son image est restée si vivide dans mon esprit. Rien que d'y penser, j'en ai encore des frissons. Tout à coup, je me suis mise à hurler, pleurer et crier. J'appelais à l'aide, priant pour que ces messieurs arrêtent ce qui paraissait être de la torture. Je criais « Arrêtez. Pourquoi faites-vous cela ? » Mais personne ne semblait m'entendre ou me voir. Je continuais de pleurer et gémir. Mais me rendant à l'évidence, je suis simplement retournée m'asseoir. Émergeant de ce rêve, je ne savais vraiment pas quoi penser. J'en étais toute retournée. Alors, je me suis mise à prier essayant d'en comprendre le sens. Le Saint esprit m'a simplement repondu en ces termes : « l'Avortement. C'est exactement ce que c'était. C'est ce qu'ils font à ces bébés. Ces enfants sont vivants ». Et Il ajouta : tu vois, vous priez, vous vous lamentez à cause de tous ces enfants assassinés dans les rues, abattus par la police. Ces « pauvres enfants », vous dites, ils méritent de vivre. Pourquoi s'en prendre à des innocents ? Mais vous restez silencieux quand il s'agit des bébés que l'on tue dans l'utérus. » Je ne pense pas, après une telle conversation, de telles images, je ne pense vraiment pas que ma position pouvait demeurer inchangée. L'avortement n'est pas le plan de Dieu, cela ne sera jamais Sa volonté. Il nous appelle à porter des fruits à son image. Et c'est d'ailleurs pour cette raison, entre autres, que nous devons préserver notre corps— le Temple du Saint Esprit — jusqu'au mariage. Restons purs jusqu'au mariage. Encore quelques temps après cet épisode, à un déjeuner de prière que nous organisons à l'église, j'ai ressenti de prier pour plusieurs segments de la population. Dès les premières minutes, je me suis mise à prier pour nos officiers de police, et autres forces de l'ordre. J'ai aussitôt senti mon cœur se briser, les larmes ont commencé à couler. Je pouvais ressentir dans mes entrailles la douleur de ces mères qui ont perdu leurs enfants aux mains de la police, mais aussi les mères de ces officiers, ces soldats qui sont morts au combat, ou dans les rues, à assurer notre sécurité. Et le Seigneur de me dire : « C'est exactement ce que je ressens pour chacun de mes enfants qui meurt. Combien d'enfants ai-je perdu ? » parlant de ces enfants qui sont avortés chaque seconde. Peut-être que tu n'as jamais éprouvé le besoin comme moi de prendre parti. Peut-être que tu n'as jamais expérimenté ce que je viens de partager, mais en tant qu'enfant de Dieu, Il nous appelle à être chaud ou froid, pas tiède, pas indifférent. Il veut que nous nous alignions à Ses principes, aimant ce qu'il aime et détestant ce qu'il hait. Il nous appelle à nous lever pour protéger et défendre la valeur et la dignité de la vie humaine, de la même manière que nous cherchons à défendre la sainteté du mariage. L'avortement est une tactique du méchant pour voler, tuer et détruire la semence que Dieu plante en nous. « Le péché de l'avortement vient avec un esprit de rejet qui s'implante dans de nombreuses familles», dit le Seigneur.

9
SENS DESSUS DESSOUS

L'un des plus grands problèmes que nous avons aujourd'hui en tant que chrétien est un problème de soumission. Il ne s'agit pas seulement des femmes qui refusent de se soumettre à leurs maris ; C'est le corps de Christ, en général, qui agit avec un grand mépris, un dédain profond pour la parole de Dieu. Il semble qu'un esprit de rébellion se soit emparé de beaucoup, les poussant à endurcir les cœurs, fermer œil et oreille à tout ce qui a trait aux choses du Seigneur. Bien que nos bouches soient ouvertes, elles ne professent que mensonges et méchancetés. Nous vivons dans ce monde d'illusions, de prétentions. Tout est basé sur les apparences. La vérité est devenue aléatoire, le bien et le mal, des notions relatives. « *La beauté est dans l'œil de celui qui regarde.* » Désormais, la vérité est dans l'oreille de celui qui entend. Chacun prétend détenir sa vérité...simplement parce que nous avons rejeté La vérité. Jésus Christ de Nazareth, le chemin, la vérité et la vie[30]. Mais plus personne ne veut emprunter cette route étroite qui mène à lui ; nous préférons créer notre propre chemin.

Ma vision, ta vision

Le jour de la Pentecôte, les apôtres étaient ensemble dans une même pièce. Ils étaient unis en

---
[30] Jean 14 :6

esprit, s'accordant sur les mêmes principes. Et la Bible déclare que parce qu'ils étaient UN, l'esprit de Dieu s'est manifesté. Aujourd'hui, nous fermons la porte au Saint-Esprit à cause de la division, des désaccords. Nous avons du mal à réaliser que tout ce que l'un dit n'est pas forcement par opposition à nos propos ou à notre position. Trop souvent, maris et femmes ont une relation contentieuse parce qu'ils ne réalisent pas qu'ils appartiennent à la même équipe ; ils n'arrivent pas à se faire confiance parce que leurs visions semblent ne pas s'aligner. Te souviens-tu de l'histoire de la tour de Babel ? Ils ont non seulement voulu défier Dieu, mais ils essayaient de se comparer à Lui, trouver de nouvelles façons pour être des dieux. La même chose est en train de se passer. Certes, nous ne sommes pas en train de nous mettre ensemble pour construire une tour géante, mais combien de fois cherchons nous à remplacer Dieu, ou à penser que nos voies sont meilleures ? Nous essayons de Le définir selon notre intellect ou encore de sorte à pouvoir le faire tenir dans notre main. Mais Dieu n'est pas un homme que nous pouvons contrôler, ni un objet que nous pouvons posséder ou dominer. Il est Dieu, à Lui tout seul. Notre opinion de lui n'affectera jamais Son identité, Sa puissance ou Son pouvoir. C'est plutôt l'inverse.

Lorsque Dieu unit l'homme et la femme dans l'Alliance du mariage, Il leur donna une vision, une mission. Pour que la vision se transforme en réalité, l'homme doit quitter père et mère s'attacher à sa femme et ensemble ils deviendront Un. Tous deux doivent apprendre ensemble à combiner leurs pensées, leurs différences, leurs caractères et tout le reste, atteindre un certain degré d'unité avec le Saint esprit. Car là où il y a la division, le saint esprit ne peut demeurer. L'unité est la condition sine qua non pour que l'esprit de Dieu se manifeste. Le diable ne peut pas effacer ce que Dieu a écrit te concernant ; il ne peut pas détruire la vision que Dieu vous a donné. Alors, il essaie par plusieurs voies et moyens de semer de petites graines de doute, de rancœur, d'orgueil par ci par là. Il nous pousse à croire que c'est l'autre la cause de nos soucis et que si nous faisions tout par nous même, la vie serait bien meilleure. Il nous chuchote à l'oreille que ce sont nos différences la cause de nos déboires, que si tout le monde se ressemblait alors tout serait parfait. Voilà que le monde aujourd'hui cherche à ce que les hommes deviennent des femmes. Les femmes cherchent à ressembler aux autres, elles se comparent aux autres et se laissent remplir de jalousie parce qu'elles n'ont pas ce que la voisine a, sans même réaliser que Dieu leur avait donné exactement ce dont elles ont besoin pour accomplir leur mission sur la terre. C'est le diable qui cherche à nous plonger dans l'insoumission, la confusion afin de nous égarer, nous éloigner du plan de Dieu. Il nous pousse à rejeter toutes les épreuves de Dieu purement destines à nous faire grandir, nous rendre plus fort mais surtout nous débarrasser de tout ce qui nous empêcherait de prendre ce chemin étroit qui mène à la vie éternelle. Prends garde ! La recherche du confort te détournera de ta mission. Penses-tu que la Croix était chose facile ? Pour que la vision de Dieu se manifeste dans notre vie, nous devons accepter de passer par le feu. Cela sera douloureux, difficile, inconfortable, gênant, mais c'est à travers le feu que nous serons raffinés, remodelés, transformés pour devenir Un avec notre conjoint. On ne peut pas atteindre l'unité si l'on refuse d'être remodelés. Il n'y a pas d'unité sans soumission. Mari et femme ne sont pas appelés à concevoir leurs propres plans. Ce n'est pas une compétition de qui a la meilleure idée ou le meilleur plan mais plutôt rechercher ensemble à ce que le plan de Dieu s'accomplisse à travers nous. Si chacun de nous suit et obéit à Christ, pourrait-il avoir des divisions ? La soumission n'est pas à l'homme, mais à Christ qui vit en chacun de nous. Nous sommes tous sous son autorité et sous sa direction. Voici également pourquoi rechercher la face de Dieu ne doit pas être exclusivement réservé aux femmes. Car aucune femme ne pourrait se soumettre à un homme qui n'a pas l'esprit de Dieu ou qui refuse de se soumettre à Christ et de Lui obéir.

Hommes aux épaules étroites

Il ne s'agit point de l'apparence physique ; c'est une question de position. Pendant longtemps j'avais été poussée à croire que ces histoires de position ne relevaient que du fait de l'homme et que Dieu n'en avait que faire. Mais j'ai depuis réalisé que notre Dieu est un Dieu d'ordre. Chacun de nous a une place et une position dans Son Royaume. Nous sommes les fils et héritiers du Dieu très haut, cohéritiers avec Christ[31]. Il ne s'agit pas de se battre pour un siège ou un titre.

---

[31] Romains 8 :17

Nous devons tout simplement être conscients de notre valeur à ses yeux ; car c'est en vertu de cette position que nous avons accès aux promesses contenues dans Sa parole. Il nous est impératif de connaitre nos prérogatives et nos responsabilités. Trop de chrétiens vivent dans la servitude parce qu'ils n'ont pas encore saisi la réalité de la parole de Dieu ; ils avancent à peine, paralysé par la peur qu'ils confondent souvent avec l'humilité. Savoir qui l'on est, à qui l'on appartient, qui l'on sert, sur qui l'on s'appuie ne relève en rien de l'arrogance. L'orgueil nous pousserait à convoiter ce qui ne nous appartient pas, mais si Dieu lui-même déclare qu'une chose est notre, qui sommes-nous pour en affirmer le contraire ? Si l'armée Américaine a ses généraux, lieutenants et autres officiers, obéit à une certaine classification et rang, penses-tu que l'armée de notre Dieu tout puissant ne devrait pas avoir encore plus ? Il est clair que le royaume de Dieu n'est en rien comparable au gouvernement des hommes, mais sans ordre, il ne peut y avoir aucun respect. Nous ne recherchons pas une position pour pouvoir écraser les autres ou pour flatter notre ego. C'est le Seigneur lui-même qui établit les rois. Notre position en Christ ne nous sert à rien, à part accomplir la tâche, la mission qu'Il nous a confiée. Ce n'est pas une question de supériorité ou d'infériorité. Nous sommes tous égaux. Nul n'est au-dessus de l'autre, personne n'est meilleur que l'autre. Nous avons juste différents rôles à jouer, et donc divers dons et différentes capacités. En tant que corps de Christ, nous avons tous besoin les uns des autres. Nul ne peut remplacer l'autre. Car Dieu nous a créés unique et spécial. Tous deux hommes et femmes ont leur place, leur position dans le Royaume de Dieu. Depuis la création du monde, Dieu a donné à l'homme l'autorité, le manteau de chef de famille. L'homme n'a pas eu à se battre pour l'obtenir, une assemblée générale n'a pas dû être convoquée ; Dieu l'a décidé et ainsi en est-il. C'est aux hommes que Dieu a donné la vision de la famille, la mission de défendre et protéger, pourvoir aux besoins de ceux qu'il a placés sous leur garde. Il les a dotés d'une grande force physique, un ton plus grave. Il leur a donné de pouvoir se focaliser sur les grandes choses. Mais Dieu leur a également permis de ne pas pouvoir faire attention à tous les petits détails, d'où la place de la femme. Leur force est assez grande pour défendre et protéger toute une famille mais ils sont suffisamment faibles pour pouvoir se pencher sur l'épaule de leur compagne. Il y a tellement d'exemples que l'on pourrait citer pour nous faire remarquer à quel point nous sommes différents, mais si parfaitement complémentaires. Malheureusement, la société a réussi à nous faire croire que Dieu s'est trompé et que les choses n'étaient pas dans le bon ordre. Alors, les hommes ont quasiment renoncé à leur position de chef de famille ; ils sont devenus très passifs, abandonnant leurs responsabilités et laissant ainsi les femmes redéfinir les règles. Ils sont tombés dans un profond sommeil duquel rien ne semble pouvoir les en tirer. Certains sont encore des enfants dans un corps d'adulte, incapable de se prendre en charge, a fortiori supporter toute une famille et leur apporter le leadership adéquat. D'autres préfèrent le confort de la banquette arrière plutôt que d'être en premier ligne prêt à affronter le 'danger'. C'est ainsi que les femmes ont pensé qu'il leur revenait de remettre les choses en état, porter un fardeau, une responsabilité qui n'était pas les leur. Parce que les hommes se sont éloignés de la présence de Dieu, ils ont laissé le champ libre à l'ennemi pour semer la confusion et le désordre.

L'avenir au Féminin

Avec la montée du "féminisme" et l'affluence des "miss indépendantes", les femmes ont progressivement ôté les joyaux de leurs magnifiques couronnes, pièce par pièce. Nous sommes-nous éloignées du plan original de Dieu pour nous ? Avons-nous réduit le rôle de la femme à un bras de fer ? Trouvons-nous encore nécessaire de différencier les rôles entre hommes et femmes ? Notre créateur aurait-il fait une erreur ?

Savais-tu que le féminisme est tout simplement un démon visant à détruire l'ordre divin, remettre en question la fondation de ce monde ? Le féminisme ou cette émancipation proclamée, n'a pas pour but de revaloriser la femme ou lui donner une plateforme pour faire valoir ses talents, comme beaucoup aiment à le croire. Au contraire, l'objectif ultime du féminisme est d'éliminer toutes les différences entre les genres, du moins c'est cela le véritable objectif. Fais tes recherches. Malheureusement, beaucoup se sont laissé séduire à cause des 'différentes' avenues que ce mouvement semble offrir. Celles qui ont été privées de leur liberté, celles qui se sont vu voler leurs rêves, celles dont la dignité a été bafouée, la voix éteinte. Ces femmes qui ont été brimées, humiliées, méprisées, ignorées ou abusées, ont dorénavant une opportunité pour pouvoir s'affirmer. Je ne saurais condamner toutes ces femmes braves, ces filles phénoménales qui ne reculent devant aucun obstacle pour atteindre les plus hauts sommets, ces femmes battantes qui savent ce qu'elles veulent et n'ont pas peur de prendre des risques. Ces filles, épouses et mères qui combinent à la fois grâce et intelligence, sagesse et détermination, force et gloire, beauté et humilité. Au contraire, elles sont à saluer, à féliciter et à encourager. Mais je ne parle pas de ces femmes. Je parle plutôt de celles qui au nom de l'indépendance ou de l'émancipation ont carrément rejeté les ordonnances divines. Je parle de celles qui émasculent les hommes et pensent que le monde serait bien meilleur sans eux, celles que l'ennemi utilise pour emmener ce monde à la perdition. Ces femmes qui estiment qu'elles sont trop belles ou trop braves et n'ont besoin d'aucun homme pour les guider, les protéger ou les défendre. Celles qui cherchent à dominer le monde. Je dois l'admettre, avant que je ne comprenne moi-même de quoi il s'agissait, je me serais sûrement définie comme étant féministe. O comme il est vrai que par manque de connaissance, nous périssons ! Mais ne soyons pas dupes, se battre pour l'amélioration des conditions de vie, de travail de la femme ne sont pas toujours l'équivalent du féminisme ou considéré pro émancipation. J'ai une organisation non gouvernementale *Talents Within* visant à encourager, inspirer et redonner à chaque femme la place que Dieu lui a octroyée. Notre objectif est de réveiller en elles tous leurs talents cachés, comme dans la parabole des talents, ceci, en respectant les normes établies par le Père pour pouvoir atteindre leur mission et glorifier le nom du Seigneur. Cependant, je ne pense pas que le féminisme, du moins ce qui est prôné dans les cultures occidentales, et qui semblent s'étaler sur le reste du monde, ne correspond en rien à la place que Dieu a donnée à la femme. Nous confondons l'autonomie avec l'indépendance. En effet, la société a besoin de femmes autonomes, qui sauront utiliser toutes les ressources mises à leur disposition et même en créer de nouvelles afin de pourvoir aux besoins de leur familles, mais tout ce qu'elles font ne devrait en rien minimiser l'importance de l'homme ou sa nécessité. Si l'on ne peut avoir un monde sans femmes, pourquoi penser que le contraire serait possible ?

Je reste persuadée que le féminisme n'est rien d'autre qu'une façon moderne d'asservir et d'ostraciser les femmes, en leur donnant un faux sentiment de contrôle et de sécurité. Une nouvelle forme de rébellion et de désobéissance à Dieu. Les femmes ne peuvent pas prétendre réclamer leur siège autour de la table, en rejetant leur essence, ce qui fait leur force et les distingue de tout autre être sur cette terre.

Sais-tu pourquoi Dieu a tiré Eve hors de la cote d'Adam ? L'argument est généralement qu'Il l'a fait afin de marquer leur égalité. C'est vrai, mais ce que le Seigneur m'a également révélé, c'est qu'Il nous a tiré de la cote afin que nous soyons juste sous son aile de protection. Que nous demeurions toujours couvertes, et en sécurité, là tout près du cœur, parce que nous sommes précieuses et spéciales. À quoi bon pour la femme de rechercher à être comme un homme ou prouver qu'elle peut faire ce que l'homme fait ? Imagine un instant une lionne cherchant à prouver au singe qu'elle peut grimper à un arbre. Ridicule, n'est-ce pas ? et pourtant c'est ce que nous faisons. Et nos fils et filles sont en manque d'affection, traversent des crises d'identité car père et mère sont démissionnaires, ou cherchent à recréer le monde.

Jésus nous appelle à être ses disciples, son Épouse. Pour répondre au plus grand besoin de la femme, se sentir aimée, Dieu a donné son fils unique. Serait-ce par pure coïncidence ? Il est le cep, nous sommes les sarments. Sans lui nous ne pouvons subsister. Cette représentation nous montre clairement pourquoi la femme n'est pas créée indépendamment de l'homme. J'ai lu récemment cette citation de Timothy Leary, un psychologue et écrivain américain *« La femme qui cherche à être l'égale de l'homme manque d'ambition. »* Je ne pense pas que ce soit un simple manque d'ambition, mais un profond manque de compréhension, de sagesse et de connaissance de la parole de Dieu. Et par faute de connaissance, le peuple perit. L'ennemi n'en a que faire que les femmes portent des pantalons ou les hommes des robes et du rouge à lèvres. Ceci, honnêtement est un moindre mal. Ce qu'il cherche à faire, c'est inverser les rôles, détruire notre identité, voler notre position et surtout tuer cette semence que Dieu a mise en nous. Il cherche à nous éloigner de la face de Dieu du mieux qu'il peut. (Apocalypse 12). Regarde ce grand vent de rébellion qui souffle sur l'Amérique et dans le monde entier. Les enfants qui se lèvent contre leurs parents. Les époux, les frères, tous les uns contre les autres. Parce que nous avons choisi de placer notre confiance en nos propres capacités, en notre succès, nos performances ou nos aptitudes, nous pensons ne plus avoir besoin de Dieu. Nous avons remplacé les chaines de l'esclavage et de la colonisation avec une nouvelle forme plus subtile d'oppression. Aujourd'hui tous devenus esclaves des réseaux sociaux, des opinions des autres, obnubilés par notre reflet dans notre beau miroir. Est-ce cela le plan de Dieu ? Sommes-nous vraiment mieux qu'auparavant ? Si oui, pourquoi n'y a-t-il pas de transformation véritable en Christ ? Pourquoi ce taux élevé de suicide, de divorce, de viols de corruption de maladies, et j'en passe. Jusqu'à quand continuerons-nous de mépriser la parole de Dieu et ses commandements ?

Confusion, Conflit et Chaos

Je dois le dire : Le seigneur a une dent contre ses fils et ses filles, car tous ont bafoué le caractère sacré de l'Alliance que nous avions avec lui. « *Il te couvrira de ses plumes, Et tu trouveras un refuge sous ses ailes ; Sa fidélité est un bouclier et une cuirasse.* »[32]." Les hommes ont failli à leur devoir d'aimer leurs épouses comme Christ nous a aimés. Et les femmes ont manqué d'être ces épouses respectueuses et soumises, ces femmes qui nourrissent et prennent soin de leurs hommes, sans blâmer, sans critiquer. Combien d'hommes ont manqué d'honnêteté, failli à leurs responsabilités ? Un grand

---

[32] Psaume 91 :4

nombre d'entre eux ont totalement abusé de leurs prérogatives, essayant de dominer, contrôler, opprimer, ou denier à la femme ses droits. En raison de tous ces abus, toutes ces violences faites aux femmes, il n'est pas étonnant que celles-ci aient cherché une porte de sortie. Obtenir leur « indépendance » en rejoignant les rangs des féministes parait être la réponse à leur prière. Elles assument que quelqu'un quelque part a finalement entendu le cri de leur cœur. Elles ont désormais la chance d'être vues et entendues ; l'opportunité de reprendre leur vie en main, réclamer leur autorité bafouée, leur honneur et leur dignité violés. Sans aucun doute, il nous appartient à tous de décrier, dénoncer, condamner et rejeter la violence, le viol, l'abus ou toute autre forme d'oppression faites aux femmes ou à tout autre être, mais cela ne doit jamais se faire au mépris de la parole de Dieu. Bien que les hommes fassent souvent preuve de domination ou soient apathique, ils sont quand même appelés à tenir les rênes. Il n'est pas trop tard pour comprendre le plan de Dieu, réaliser l'impact que l'ennemi a eu sur nos vies et revenir vers Celui qui peut changer toute chose, panser nos blessures et remettre les choses en ordre. Quoique les femmes se sentent blessées, trahies, abandonnées et méprisées, la rébellion à Dieu n'est pas la solution. Elle ne saurait effacer notre douleur.

Et si les hommes recherchaient la face de Dieu, apprenaient à se soumettre à l'autorité de Christ ? Ils arriveraient ainsi à aimer sans contrôler, diriger sans opprimer, à exercer leur autorité sans en abuser ? Et si les femmes faisaient de même, adorant Dieu en esprit et en vérité, elles auraient moins de mal à appliquer la parole de Dieu, à Lui obéir et à se soumettre à leurs époux, les honorer, leur accorder leur place. En le faisant, elles regagneraient également leurs si belles couronnes de Reines. Oui, hommes et femmes ont tous deux leur place et leur rôle à jouer, concurremment. Dieu nous a tous façonnés à son image et dotés de talents uniques, incroyables. Recherchons ensemble la face de Dieu. Il est Dieu. Sa fidélité dure à jamais. Laissons Sa parole pénétrer nos cœurs et transformer nos esprits.

Seigneur Jésus, viens habiter dans nos cœurs. Ouvre nos yeux et donne-nous de voir tes bontés, apprécier ta présence et nous soumettre à toi entièrement.
Seigneur, je prie pour nos hommes, tires les de leur sommeil. Fais-les sortir de cette léthargie dans laquelle ils sont plongés. Donne-leur de reprendre le manteau d'autorité et le sceptre de gloire. Qu'ils puissent marcher dans la vérité, la lumière et dans l'amour. Montre leur comment guider sans dominer leurs épouses.
Touche le cœur de toutes les femmes, guéris leurs meurtrissures et ramène la joie et l'espoir. Donne leur d'avancer avec sagesse. Redonne leur la couronne de gloire que tu leur as réservée. Amen.

PARTIE 4

UNITÉ RESTAURÉE

10
REALITY CHECK

Tous, nous errons comme des brebis sans berger. Tous se sont éloignés de la face du seigneur pour suivre ambitions et désirs personnels[33]. La plupart des problèmes auxquels nous sommes confrontés aujourd'hui sont la conséquence de de notre péché, de notre désobéissance. Nous refusons de marcher sur les sentiers étroits, choisissant plutôt ces grandes voies menant à la destruction. Nous ne savons pas, mais refusons de demander à celui qui sait toute chose. L'institution du mariage est aujourd'hui en péril parce que les Hommes se sont remplis d'orgueil et ont pensé pouvoir y arriver sans Dieu. Il parait plus facile de suivre les principes du monde, plutôt que se soumettre à la volonté du Très haut. Pourquoi croyons-nous qu'il ait dit : « Invoque-moi, et je te répondrai ; Je t'annoncerai de grandes choses, des choses cachées, Que tu ne connais pas. » (Jérémie 33 :3). Il y a en effet, beaucoup de choses que nous ne connaissons pas. Mais nous avons un Père céleste, qui est désireux de nous enseigner tout ce que nous ignorons mais qui est également prêt à faire le chemin avec nous. Quelle grâce ! Pour cela, il nous faut se libérer de l'orgueil, faire place à beaucoup plus d'humilité et de sagesse. De quoi est rempli ton cœur ? Il y aurait-il des choses qui t'empêchent d'aimer et d'avoir foi en Dieu ?

---
[33] Ésaïe 53 :6

Comprends que ta relation avec les Hommes ne sera jamais meilleure tant que ta relation avec Dieu n'est pas restaurée. Nous devons arriver, avec Lui à nous libérer de ces pensées destructrices, ces souvenirs douloureux et expériences traumatisantes, ces étiquettes ou fausses accusations de notre esprit.

L'Époux

J'ose croire, sans présomption, que la différence entre la cérémonie de mariage et l'alliance de mariage est plutôt claire dans la pensée de tous. Cependant, j'aimerais pouvoir affirmer avec autant de certitude que tous reconnaissent que la première personne à qui nous disons oui pour la vie, c'est le Seigneur. Qu'en est-il de celui ou celle avec qui nous nous engageons ? Que savons-nous de cette personne ?

Trop souvent, nous disons oui à la bague sans connaître la personne. Nous voulons la relation sans les responsabilités. Nous voulons l'or mais refusons de passer par le feu. Sais-tu pourquoi Dieu s'est révélé à nous sous tous ces différents noms et attributs ? Afin que nous puissions mieux le connaître et croire en Lui. Car IL est tout ce qu'IL dit qu'IL Est et IL peut faire toutes ces choses qu'IL dit pouvoir faire. Notre Époux, Jésus Christ, n'a pas seulement professé son amour. Il a fait le sacrifice requis. Il a renoncé à sa vie afin de nous sanctifier et nous ramener vers le Père. Es-tu prêt à renoncer à ta vie afin que le nom du Seigneur soit glorifié ? Alors, laisse-le tirer les rênes, dans ta vie, dans ton mariage.

Crois-tu que l'amour de Christ est suffisamment grand pour te remplir ? Il est notre Rédempteur, notre protecteur, notre libérateur, notre défenseur ; en Lui se trouve notre espérance. Il est le Dieu fidèle, le Dieu capable, *IL* nous affermira aussi jusqu'à la fin, afin que nous soyons irréprochables au jour de notre Seigneur Jésus-Christ (1 Corinthiens 1 :8). Bien que nous choisissions constamment de vivre dans le péché et la désobéissance, Son amour et Sa fidélité sont inconditionnels. Faisons le choix de ressembler à Christ, ne devenons pas des infidèles parce que les hommes autour le sont. Ne bafouons pas notre dignité, n'abandonnons pas nos principes pour accepter l'immoralité, l'adultère pensant ainsi répondre à des pseudo exigences divines.

Celui qui pardonne

Le mariage est un processus de transformation, une aventure dans laquelle deux êtres choisissent de s'unir à Dieu pour devenir Un. Tout comme la Trinité. Je ne m'étendrai pas sur ce point. Cela ne se produit pas du jour au lendemain, ou par une simple baguette magique. Ces deux êtres, aux personnalités très différentes, parfois même opposées, ayant connu différentes expériences de vie, avec des valeurs ou perspectives diverses, doivent progressivement apprendre à les combiner pour recréer une nouvelle toile. Bien que cette section soit intitulée autour du pardon, je ne pense pas qu'il soit nécessaire de faire un long sermon sur l'importance du pardon ou les raisons pour lesquelles nous sommes appelés à le faire.

J'aimerais, en revanche, attirer ton attention sur deux points : la grâce et la patience. Pourquoi ces deux ? Parce que nous ne pouvons pas pardonner certaines choses, à moins de connaitre ou comprendre la nature ou l'histoire de notre conjoint. Nous ne serons pas toujours d'accord sur certains points, mais par la patience nous aurons la force d'espérer en un lendemain meilleur. Que dis-je ? Nous épousons des personnes qui peuvent peut-être nous ressembler physiquement, avec qui l'on a beaucoup de traits en commun, mais nos histoires sont complètement différentes ; nous avons reçu pour la plupart une éducation différente, nous avons des perceptions diverses sur bon nombre de sujets. Mais qu'est-ce qui nous permettrait de nous tenir la main et de chercher à entendre l'histoire de l'autre, prendre le temps de les comprendre ? *La Patience.* On pourrait dire l'amour, ce serait d'autant plus vrai, mais je ne veux pas rester vague. Cette dimension de l'amour qui serait mise en exergue en pareille situation, c'est la patience. (L'amour est patient). Dans beaucoup de cas, parce que nous perdons cette patience, il nous arrive de douter de la raison pour laquelle nous avons uni nos destinées. Certains finissent par remettre en question le plan de Dieu pour leur vie. Laisse-moi te dire, si tu t'es marié, parce que tu as véritablement perçu la voix de Dieu, alors aie la patience de voir ce qu'Il fera. Garde la foi et suis-Le. Mais si tu as décidé toi-même de t'embarquer dans une histoire sans queue ni tête, alors il est temps de revenir à Dieu et poses lui les vraies questions.

J'ai aussi parlé de la grâce. Aucun d'entre nous n'est

parfait. Tous, nous sommes pécheurs, mais seule la grâce, la miséricorde de Dieu nous épargne. Jamais Il ne nous rejette. Certaines choses prennent plus de temps que d'autres. Le mariage dure toute la vie, alors nous devons faire preuve de cette même grâce.

Aujourd'hui, j'aimerais donc te demander de laisser le Seigneur sonder ton cœur et ramener à la lumière chaque aspect de ta vie où la rancœur, l'amertume se sont installées. Demande-lui de révéler les armes que l'ennemi utilise pour détruire ton mariage. Prends le temps de comprendre les messages que le Seigneur essaie de te faire passer. Aligne-toi à Sa volonté. Si tu dois demander pardon, fais-le sans tarder. Ne laisse pas ton cœur s'endurcir. Si c'est à toi que l'on a fait du tort, laisse la grâce, la miséricorde de Dieu se manifester. Permets à Sa lumière de briller à travers toi.

Le chemin, la vérité et la vie

Nous le savons tous, il n'y a pas d'amour sans confiance. Dieu est Lumière, alors si le mariage vient de Lui, il ne peut se vivre dans l'obscurité. Les couples doivent être honnêtes les uns avec les autres. Nus, sans honte. Te souviens-tu ? Qu'est-ce qui t'empêche d'être honnête, transparent et vulnérable ?

Les Hommes, en général, aiment à penser que leur force ou leur intelligence leur permettront de tout réaliser, au mieux, tout seul. Nous idéalisons presque tous la relation que nous vivrons avec notre partenaire, parce que nous jetons des coups d'œil sur les relations des autres, ou du moins de ce que nous voyons de l'extérieur, et assumons que l'herbe est toujours plus verte qu'elle ne l'est en réalité. De nos jours, nombreux sont ceux qui sont mariés mais qui vivent comme s'ils étaient encore célibataires, ou encore comme si leurs conjoints étaient leurs colocataires. Que caches-tu ? De quoi as-tu peur ? De quoi as-tu honte ? Ne laisse pas la peur, la culpabilité ou l'embarras te retenir prisonnier. Nous ne sommes pas censés vivre cette union par nos propres moyens. Le mariage a été institué par Dieu, pour Lui, afin que Son nom soit glorifié. Si ce n'est pas Lui qui bâtit, la maison tombera en ruines, ton mariage sera voué à l'échec. Si nous refusons de marcher dans la vérité, d'être honnête avec notre conjoint, nous ne pourrons jamais expérimenter les grâces du mariage, toutes les promesses que Dieu nous a faites. Toi et ton conjoint êtes appelés à devenir Un, dans tous les sens du terme, dans chaque aspect de votre vie, pas seulement physiquement. Tu ne peux pas continuer de garder tes sentiments, tes émotions, tes rêves et tes aspirations secrets. Tu ne peux pas cacher ton salaire, tes projets, tes soucis de santé ou toute autre chose qui affectent votre relation. Il est temps de faire place au Saint Esprit, qu'Il vienne rétablir l'ordre, la confiance. Invite le Dieu de Vérité dans ta vie, dans ton cœur, dans ton foyer. Lorsque Jésus fait son entrée, lorsqu'IL prend sa place, Sa lumière éclaire tout et repousse les ténèbres. Il expose tout ce qui était caché et amène la guérison, la vie ; Il restaure ce que le diable avait volé.

Le choix de Dieu ou le tien ?

« *Un envoyé de l'Éternel monta de Guilgal à Bokim, et dit: Je vous ai fait monter hors d'Égypte, et je vous ai amenés dans le pays que j'ai juré à vos pères de vous donner. J'ai dit : Jamais je ne romprai mon alliance avec vous ; et vous, vous ne traiterez point alliance avec les habitants de ce pays, vous renverserez leurs autels. Mais vous n'avez point obéi à ma voix. Pourquoi avez-vous fait cela ? »* (Juges 2 :1-2). À plusieurs reprises Dieu avait interdit à son peuple de contracter des alliances avec un certain groupe de personnes. Il est vrai que les Ammonites ou les Moabites n'existent plus en tant que tels. Mais cela signifie-t-il que nous soyons libres de se marier avec qui nous voulons ? N'est-ce pas ce que nous entendons presque tous les jours ? "Vous êtes libres d'épouser qui vous voulez, personne ne devrait nous dire qui aimer...», etc. Mais un enfant de Dieu, un fils ou une fille du Très-Haut est libre, peut-il parler ainsi ? En effet, en Christ nous sommes libres mais cette liberté n'a pour but que de faire la volonté du Père [34]. Nous sommes certes appelés à aimer tout le monde, mais il ne nous est pas dit d'entrer en alliance avec tout le monde. La lumière et l'obscurité peuvent-elles coexister ? Notre but sur terre est d'accomplir la volonté du Père. C'est Lui qui dirige nos pas. Il n'y a rien de fortuit dans la vie d'un croyant ; toutes choses concourent à notre bien et à ce que les desseins du Père s'accomplissent. Ainsi les personnes avec lesquelles nous tissons des alliances doivent avoir ce même but de rechercher Dieu, de lui plaire, sinon nous courons le risque de suivre des

---

[34] Jean 4 :34

personnes susceptibles de nous détourner du chemin qui mène à Lui. Je ressens le besoin d'insister sur ce dernier point. Beaucoup d'entre nous croient avoir la capacité de « changer » les autres. Nous avons réussi à nous convaincre que notre amour, nos actions seraient suffisant pour « sauver » l'autre. Mais notre Dieu nous rappelle que c'est Lui qui connaît toutes choses, c'est Lui qui a plein pouvoir sur l'humanité toute entière. Qui sommes-nous pour aller là où il ne nous a pas envoyé ? Le Seigneur dit : « Vous ne faites pas ces choses en mon nom ; vous le faites par orgueil, pour vous rendre important. Perdras-tu ton âme à vouloir gagner une autre ? Penses-tu disposer de tellement de temps que tu serais prêt à gaspiller tes dernières heures sur celles vers qui je ne t'ai pas envoyé ? Moi, le Seigneur je sonde les cœurs. Je vous connais tous par votre nom. Avant que tu ne naisses, je te connaissais ». Je l'entends encore dire « Mes brebis connaissent le son de ma voix, elles m'obéissent. »

Bien-aimé, ton Dieu t'appelle, d'une voix tonitruante. Le même son qu'une mère ferait si elle voyait son enfant se jeter devant une voiture en pleine course. Quelle que soit la situation dans laquelle tu te trouves, je prie que tu entendes maintenant la voix de Dieu et que tu rebrousses chemin. Reviens à Lui. Si tu es dans la mauvaise relation et tu as l'impression que tu ne peux plus revenir sur tes pas ; tu as déjà pris certains engagements et maintenant tu te retrouves entre le marteau et l'enclume, ton Dieu te dit : « abandonnes tout, reviens à moi. Détruis ces autels. J'ouvrirai tes yeux, et tu pourras voir tout ce que j'avais gardé caché.

Pendant un temps, je n'étais plus, tu ne pouvais ni m'entendre, ni me voir ou sentir ma présence, mais maintenant tu verras le Père que je suis pour toi. Car ton Créateur est ton mari, le Seigneur des armées, Celui qui garde Israël. »

11
RENOUVELLE TON ESPRIT

Que faudra-t-il pour que tu apprennes à faire confiance à nouveau ? L'amour semble-t-il perdu ? As-tu perdu espoir ? Tant que Dieu n'a pas décidé que c'est la fin, alors tout est possible. Tu te sens à bout, rien ne change? Encore, il est temps de laisser Dieu te guider. Tu peux avoir l'impression d'emprunter la même route, des chemins familiers, mais fais-lui confiance. Dieu est bon. Il ne permettra pas que ton pied chancelle. (Psaume 121)

Affronter le passé

Certaines situations ne peuvent jamais être résolues à moins de repartir en arrière. Tu dois être prêt à affronter les fantômes du passé, ouvrir des portes que tu pensais avoir fermé à jamais. Il faudra dans certains cas ouvrir de vieilles blessures. Repartir en arrière n'est pas toujours quelque chose de négatif. Et si tu avais couru si vite, laissant derrière de grands trésors ? Et si la clé de ton futur se trouvait enterrée sous les décombres du passé ? Permettrais-tu au passé de te voler ton avenir ? Alors, fais confiance à Dieu. Il terminera certainement ce qu'il a commencé.

En début d'année, je suis allée à une retraite de prière, tout un week-end avec deux sœurs en Christ phénoménales. Il s'agissait pour nous de se libérer de tout ce qui nous retenait et laisser Dieu agir. Ce weekend, j'en suis sûre, aucune de nous ne l'oubliera. Nous avons dû faire face à des souvenirs douloureux, laisser nos sentiments enfouis refaire surface. C'était très difficile, mais j'ai même presque regretté ne pas l'avoir fait plus tôt. Car lorsque le Seigneur m'a mis à cœur d'écrire mon 1er bouquin, « Laisse parler ta douleur », j'étais sceptique, voire très réticente. Je ne comprenais pas ce qu'il y avait de si important dans ma vie à partager. Lorsque j'ai dû partager mon expérience, comment j'avais été abusée sexuellement dans mon l'enfance, la mort brusque de mon père adoré, je n'ai pas eu le courage d'aller jusqu'au bout et permettre au Saint esprit de me faire revivre ces moments. Je n'ai pas voulu affronter cette douleur, ces souvenirs horribles que j'avais choisi de cacher pendant près de 25 ans ou plus. J'en étais embarrassée et je voulais rapidement survoler le chapitre et passer à autre chose. Mais lors de cette retraite avec mes deux guerrières dans la prière, j'ai réalisé que je ne pouvais plus me cacher. Je ne devais plus continuer d'ignorer cette peine, ce fardeau devenu trop lourd. Pour être honnête, je m'étais tellement habituée à le porter que le poids ne me dérangeait nullement. Mais le Seigneur savait que malgré son caractère invisible, les incidences sur ma vie, sur mon mariage n'étaient pas des moindres. Il m'a fait réaliser à quel point j'étais prisonnière de mon passé, à quel point ces expériences avaient changé le cours de mon existence. Alors il était temps d'en être complétement guérie, libérée à jamais. Je ne suggère pas qu'il te faille aller en retraite pour un weekend ou écrire un livre, je dis simplement qu'il serait temps de faire confiance à Dieu et de le laisser nous libérer de ce qui nous retient captif, tout ce qui, sans le savoir affecte notre relation avec les autres. Le Seigneur m'a alors dit, durant ce temps de prière : « si tu me permets, je te laisserai garder tes souvenirs d'enfance mais j'ôterai cette douleur, ce sentiment de tristesse qui leur sont attachés. » J'ai enfin compris pourquoi il voulait que je partage mon témoignage. Nous ne sommes pas la somme de ce qui nous est arrivé. On peut choisir de laisser Dieu révéler nos cicatrices, nos échecs, nos erreurs sans jamais se sentir humilié, sans jamais porter le poids de la honte, la culpabilité. Je prie que le Seigneur utilise chacune de tes meurtrissures pour en faire un magnifique kaléidoscope. Ne mets pas fin à quelque chose de merveilleux, à cause de tes blessures passées. De même, ne te contente pas d'un Ismaël lorsque Dieu t'as promis Isaac.

Devenir UN

La situation est-elle tendue dans ton mariage ? votre relation ressemble plus à celle de deux colocataires, chacun vivant sa vie séparément de l'autre ? Par où commencer ? La Prière. Ne prie pas pour ton partenaire. Prie d'abord pour toi. Invite Le Saint Esprit à habiter en toi, prendre le contrôle de tes pensées, tes actions, tes paroles. Ton mariage ne changera jamais, à moins que Dieu n'y soit invité.

Si la communication est un problème, Demandes-lui de changer ton cœur. Car de l'abondance du cœur, la bouche parle[35]. Il va oindre tes lèvres afin que tu prononces des paroles qui honorent ton conjoint et reflètent Sa gloire. Sois une personne qui encourage, pas un couteau qui tranche. Montre-lui que tu es son supporter numéro un. Prends garde aux non-dits. Les actions révèlent parfois bien plus que les mots. Si tu n'as jamais appris à déclarer des paroles positives sur ta vie, comment pourrais-tu parler dans votre situation ou dans la vie de ton conjoint ? Comment le faire ? C'est bien que tu aies posé la question. Passes plus de temps dans la présence de Dieu, médite sa parole. C'est seulement dans sa parole que tu découvriras le message de ta vie, de ton mariage. C'est seulement ainsi que tu apprendras à parler à ton conjoint, aux situations difficiles dans ton mariage.

Apprends à pardonner. Demande au Saint-Esprit de te remplir de Son fruit (amour, joie, paix, patience, bonté, bonté, douceur, fidélité, maîtrise de soi). Enfin, pries pour ton conjoint. Priez ensemble. Si prier ensemble, vous donne l'impression de parler dans une langue inconnue, alors demandez au Maître de vous enseigner et de vous donner la patience pour le faire. Retiens seulement Dieu ne se préoccupe pas de la longueur de la prière, ou de votre éloquence, il est simplement heureux de voir ces enfants se tenir la main et apprendre à suivre ses voies, devenir une corde de trois brins.

Si la confiance et le respect sont un sujet constant de

---

[35] Luc 6 :45

disputes, Dieu peut vous apprendre à vous soumettre, à faire confiance, à obéir. Il suffit de demander. Si un homme manque de sagesse, qu'il demande à Dieu (Jacques 1 :5). Qu'est-ce que la sagesse a à voir avec la confiance et le respect ? Tout. La femme sage construit sa maison, mais la femme insensée la détruit de ses propres mains[36]. Si une femme ne peut pas faire confiance et respecter son mari, elle détruira son mariage. Par conséquent, les épouses doivent rechercher la sagesse. Chaque fois qu'une femme est irrespectueuse envers son mari, elle ne respecte pas les commandements du Seigneur. Les maris ne sont pas exemptés de faire confiance à leurs épouses pour veiller sur les affaires de la maison. (Proverbes 31)

Y a-t-il un domaine de votre vie que vous n'avez pas encore soumis au Seigneur ? Marchez-vous dans l'unité dans tous les aspects ou gardez-vous encore ces panneaux d'interdiction devant certaines portes de votre cœur ? Que ce soit les enfants d'une relation antérieure, votre famille, vos projets de carrière, vos finances, vos défis. Et ton cœur ? Qu'en est-il ? De nombreux couples partagent leur lit, biens matériels et autre, mais n'arrivent pas à donner leur cœur. Ils le gardent encore fermé sous clé. Ils ont des zones de leur vie où ils ne permettent juste pas à leur conjoint d'entrer. Que ce soit les souvenirs d'enfance douloureux, certains secrets de famille, etc... Si Dieu ne peut pas bénir la personne que tu prétends être, alors

---

[36] Proverbes 14 :1

ton conjoint ne pourra pas non plus aimer la personne que tu prétends être. Nous sommes censés aimer et respecter, défendre et protéger, pourvoir et prendre soin l'un de l'autre

Le sexe et l'intimité sont-ils une source de conflit ? C'est une expression de nos sentiments les plus intimes, nos désirs les plus secrets. Il nous rapproche de notre conjoint et nous permet de nous unir, pas seulement de corps, mais nos âmes et nos esprits.

Dieu peut restaurer toute chose dans ta vie, la confiance, la communication, le respect, l'amour, la tendresse, etc...mais surtout Sa présence. L'infidélité ne peut et ne doit pas être la norme dans ton mariage. Notre Dieu est fidèle. Et si nous sommes appelés à être comme Lui, alors nous ne pouvons pas accepter l'infidélité comme faisant partie de notre ADN. La fidélité est le fruit du Saint esprit. La preuve de sa présence dans nos vies. Nous ne pouvons pas nous appeler chrétiens, enfants de Dieu et marcher dans le péché. C'est vrai, nous ne vaincrons pas par notre propre pouvoir, mais par la grâce de notre Dieu. Néanmoins, la grâce ne peut jamais servir d'excuse pour continuer à faire les mêmes erreurs. Car la grâce de Dieu, c'est aussi la puissance qui nous est donnée pour résister à la tentation, la force pour vaincre le mal, pour être transformé et renouvelé. C'est plus que le pardon constant de nos péchés.

Dieu hait le divorce

« *Car je déteste le divorce, dit l'Éternel, le Dieu*

d'Israël,[37] » Impossible de compter le nombre de fois que ce verset est mentionné dans nos conversations. Dieu hait le divorce. Bien sûr ! Il a créé le mariage. Pourquoi voudrait-il voir son institution détruite ?

Le mariage est un reflet parfait de l'intention de Dieu de communier avec l'humanité. Il est l'Époux et nous sommes l'Épouse. Il ne doit avoir aucune séparation entre nous. Tel est son souhait. Le savais-tu, Dieu t'aime plus qu'il ne hait le divorce ? Qu'est-ce que je veux insinuer ? Il ne souhaiterait jamais que tu mettes ta vie en péril pour sauver quelque chose qui n'aurait même jamais du exister. Nous pouvons mentir à nous-mêmes, mentir aux autres, mais nous ne pourrons jamais mentir à celui qui connaît jusqu'au nombre de cheveux sur notre tête. Trop d'Hommes cherchent refuge derrière ce verset pour justifier les pires agissements, la violence domestique, toutes formes d'abus, mensonges et tromperies. J'ai vu des femmes demeurer dans des mariages, sachant que l'homme est homosexuel, mais pour garder les apparences, elles décident de souffrir en silence. Combien encore vivent une double vie, ont plus d'une femme et plusieurs enfants, passant la moitié de leur temps tantôt avec la famille de droite, tantôt avec la famille de gauche. Combien acceptent de vivre dans la duplicité, le mensonge, les infidélités constantes, les cachoteries ? Combien se sont résignés devant la fatalité ? Et l'on dit parce que Dieu déteste le divorce. Avons-nous réduit le mariage à une bague ? vivre sous le même toit, portant

---

[37] Malachie 2 :16

le même nom, répartissant les charges du ménage en deux ? Est-ce cela le mariage selon le plan de Dieu ?

Le mariage est bien plus que de porter une alliance au doigt, avoir un homme qui paie les factures. C'est bien plus qu'une femme qui fait la cuisine, le ménage, s'occupe des enfants et réchauffe les draps. Le mariage ne se réduit pas au sexe ou aux apparences. Lisons ensemble ce passage de la bible que nous aimons tant citer, pour justifier nos actions égoïstes :

«*et vous dites : «Pourquoi?»* **Parce que l'Éternel a été témoin entre toi et la femme de ta jeunesse, que tu as trahie. Et pourtant, elle était ta compagne et la femme avec laquelle tu étais lié par une alliance.** *Personne n'a fait cela, avec un reste de bon sens. Un seul l'a fait, et pourquoi ? Parce qu'il recherchait la descendance que Dieu lui avait promise. Veillez sur votre esprit :* **que personne ne trahisse la femme de sa jeunesse**, *car je déteste le divorce, dit l'Éternel, le Dieu d'Israël, et celui qui couvre son habit de violence, dit l'Éternel, le maître de l'univers. Veillez sur votre esprit et ne commettez pas cette trahison !* » (Malachie 2 :14-16)

Je pense pouvoir l'affirmer, sans infidélité, le «divorce» n'aurait surement jamais existé. Nous aimons nous focaliser sur cette phrase 'le seigneur hait le divorce', pensant ainsi pouvoir justifier les mauvaises raisons pour lesquelles nous restons dans un mariage détestable. Dieu ne déteste pas seulement le mariage ; il hait également l'infidélité qui, trop souvent conduit au divorce. Le divorce dans beaucoup de cas, n'est pas physique, mais dès l'instant ou la graine de l'infidélité, l'adultère, est plantée, les conséquences en sont tout aussi désastreuses. Nous ne pouvons pas dire que Dieu déteste le divorce et cependant tolérer l'infidélité. Les vœux que nous échangeons sont sacrés. Et c'est pourquoi le mariage ne doit jamais être pris à la légère. Ce n'est pas une exigence pour atteindre un certain statut social. Tout le monde n'est pas appelé à se marier. Mais si nous décidons de prendre cet engagement, nous n'avons pas le droit d'agir comme bon nous semble, sans égard aux commandement divins. Te rappelles-tu le rêve que j'ai raconté sur l'avortement ? Comment le Seigneur a changé ma position. Lorsque nous recherchons la face de Dieu, lui demandons de nous donner les désirs de nos cœurs, Il ne nous révèle pas seulement les choses qu'il aime ou celles qu'il déteste, il nous cause aussi d'aligner nos vues avec les siennes. « *Ayez en vous les sentiments qui étaient en Jésus Christ* » (Philippiens 2 :5).

Ne reste pas dans une relation qui n'apporte aucune gloire au Seigneur. Que faire donc ? Prie, demandes-Lui de te révéler son plan, sa volonté. N'aies pas peur de rechercher sa face. Sois clair sur les attentes qu'il a pour toi. Pour certains, le divorce pourrait être la solution. Pas que Dieu ait changé d'avis sur la question, mais parce que sa volonté n'a jamais été que tu sois dans cette relation. Rappelle-toi Juges 2 " *vous ne traiterez point alliance avec les habitants de ce pays, vous renverserez leurs autels. Mais vous n'avez point obéi à ma voix...* ". Es-tu entrée dans une alliance que Dieu n'a jamais voulu pour toi ? Tu te dis sûrement « Eh bien, j'ai trop investi dans cette relation pour tout laisser. J'ai trop à perdre ». Est-il plus important de plaire à l'homme que de plaire à Dieu ? Jusqu'à quand continueras-tu de donner tes perles aux pourceaux ?

Pour d'autres, vous devrez être disposés à laisser Dieu vous donner une nouvelle perspective, vous conduire là où Il a toujours voulu. Laissez-le reconstruire ! Car si votre mariage est construit sur le roc, aucune tempête, aucune pluie, aucun vent ne pourra le faire chavirer. Tout est encore possible. Dieu peut encore raviver les os desséchés.

12
REVIENS À LUI

Il y a beaucoup d'incertitudes dans la vie. S'il y a une chose dont nous pouvons être certains, c'est l'amour que Dieu a pour nous, pour son peuple. Combien de fois le peuple d'Israël s'est-il détourné de Lui, adorant des idoles, offrant des sacrifices à de faux dieux ? Et nous, combien de fois nous sommes-nous éloignés du chemin qu'Il a tracé pour nous, lui avons-nous tourné le dos ? Mais jamais Lui, ne nous abandonne ; Il a toujours un mot, une main tendue pour nous ramener à la vie, utilisant voies et moyens pour racheter ses brebis égarées. L'amour de Dieu est grand. Il est pur. Il est vrai. Son amour et sa miséricorde vont au-delà de notre entendement.

Tout au long de ce livre, j'ai essayé de mettre l'accent, plus ou moins, sur ces actes que nous posons, ce caractère et ces choix que nous adoptons qui nous éloignent de la face de Dieu, qui détruisent notre relation avec Lui, avec notre conjoint. Comme je l'ai dit auparavant, mon but n'étant certainement pas de blâmer ou de condamner quiconque, mais dans l'espoir d'apporter la lumière, d'attirer ton attention et ainsi t'aider à réajuster le tir. Toi et moi ne serons jamais en mesure de réparer le mal, le désordre ou le chaos que nos pensées, nos actions, auront causés. Mais la bonne nouvelle, c'est que nous n'avons pas à le faire.

Notre Seigneur ne nous demande ni d'être parfait ni d'être tout puissant. Il nous demande simplement de nous abandonner à Lui, de lui faire confiance et de le suivre. Même si nous avions toute l'éternité, nous ne pourrions jamais remettre les choses dans l'ordre. Et de penser qu'il est de notre responsabilité de remettre tout en état, serait dénier à christ le sacrifice qu'Il a fait, mourant sur la croix ; ce serait annihiler la puissance du sang de notre Seigneur Jésus Christ et minimiser l'amour de notre Père céleste. Nous ne pouvons plus vivre comme des brebis sans berger. Et notre Dieu ne peut pas être un *post- scriptum,* la cinquième roue du carrosse. Il est le commencement et la fin. L'Alpha et l'Omega. Il nous aime tels que nous sommes ; néanmoins il a besoin que nous revenions à Lui, d'un cœur sincère et repentant. Peu importe tes fautes, tes erreurs, Il les connait toutes, avant même qu'elles ne soient commises. Il n'a toujours pas changé sa position te concernant. Ses plans pour toi sont les mêmes (Jérémie 29 :11). Reviens. Apprends à le connaitre davantage, aie la foi. Il dit "Mon peuple perit, parce qu'ils ne me connaissent pas.[38]". Le Seigneur t'appelle à un niveau supérieur, un degré d'intimité profonde. Il ne veut pas que tu restes sur la rive à crier et tempêter; Il t'appelle à marcher sur les eaux, à te rapprocher de Lui. Il veut entendre les battements de ton cœur, et aimerait te faire entendre le doux son de sa voix. Christ et son épouse. Pensais-tu que la relation qu'Il avait en tête était comme celle d'un maître avec son serviteur,

---

[38] Osée 4 :6

un patron avec son employé ? Il n'aurait quand même pas payé un si grand prix pour que tu te tiennes à distance et reste si éloigné. Non, pas du tout. Il t'appelle dans le sanctuaire, le lieu très saint. Il désire que tu expérimentes son amour dans toute sa plénitude, la joie de sa présence. « *C'est pourquoi voici, je veux l'attirer et la conduire au désert, et je parlerai à son cœur. Là, je lui donnerai ses vignes et la vallée d'Acor, comme une porte d'espérance, et là, elle chantera comme au temps de sa jeunesse, et comme au jour où elle remonta du pays d'Égypte.* **En ce jour-là, dit l'Éternel, tu m'appelleras : Mon mari ! et tu ne m'appelleras plus : Mon maître !** [39] »

L'entends-tu crier ton nom ? Ne t'inquiète pas. Ce n'est pas pour te mettre la corde au cou, ni des boulets aux pieds. Il t'invite à entrer dans la joie de sa maison, à partager cette belle Alliance, sacrée et merveilleuse, une relation basée sur l'amour et la confiance. T'es-tu déjà demandé pourquoi tu as l'impression de parcourir le désert, d'être dans un lieu perdu, sans vie ? Et si je te disais que c'est le seul moyen que Dieu a pour se faire entendre de toi, le seul moyen de t'amener à le rechercher ? Car qu'est-ce qui se passe lorsque nous sommes seuls, loin de tout, hors de notre zone de confort ? Nous sommes misérables, grincheux, nous plaignons de tout et de rien et cherchons un moyen de nous échapper. Mais le temps de fuir, de se cacher ou trouver des excuses est terminé. Aucune raison d'avoir peur. En sa présence, on est toujours en sécurité. Il t'appelle maintenant à honorer la promesse que tu lui

---

[39] Osée 2 : 14-16

as faite d'aimer, de chérir, de respecter et d'honorer celle ou celui qu'il a placé(e) à tes cotés. Peu importe ton statut, ta position sociale ou même religieuse. Peu importe que tu saches reciter la Bible de la Genèse à l'Apocalypse, que tu serves à l'église tous les dimanches. Peu importe que tu pries du crépuscule jusqu'à l'aube. Si tu n'obéis pas à ses commandements, si tu n'honores pas Dieu à travers ton conjoint, si tu n'aimes pas ton prochain comme toi-même, si tu ne traites pas ton conjoint avec respect, amour, et décence ? Si tu ne lui es pas fidèle, tout cela ne servirait à rien. Surement que tu n'es pas infidèle à ton conjoint, mais si tu le traites avec mépris, ou te rebelles contre tout ce qu'il dit ; si tu ne protèges pas ta relation, ou ne remplis pas tes responsabilités de mari ou de femme, ne répond pas aux besoins physiques, émotionnels, spirituels ou financiers de ton partenaire, le résultat est le même. Tous deux, hommes et femmes ont des obligations devant le Seigneur pour lesquelles il nous tiendra responsable. La femme seule ne peut porter le poids de cette alliance. Revenons à nos positions. Revenons tous à Christ.

« Écoutez la parole de l'Éternel, enfants d'Israël ! Car l'Éternel a un procès avec les habitants du pays, Parce qu'il n'y a point de vérité, point de miséricorde, Point de connaissance de Dieu dans le pays. Il n'y a que parjures et mensonges, Assassinats, vols et adultères ; On use de violence, on commet meurtre sur meurtre. C'est pourquoi le pays sera dans le deuil, Tous ceux qui l'habitent seront languissants, Et avec eux les bêtes des champs et les oiseaux du ciel ; Même les poissons de la mer disparaîtront. » Osée 4 :1-3

Entends-tu aussi son appel : « *Revenez, enfants rebelles, Je pardonnerai vos infidélités. Et à nous de répondre* : « - *Nous voici, nous allons à toi, Car tu es l'Éternel, notre Dieu.* » (Jérémie 3 :22)

Père Éternel, je te dis merci pour ces personnes qui liront cet ouvrage. Je te demande de bien vouloir pardonner toutes leurs offenses. Je sais que tu es un Dieu aimant et merveilleux. Je sais que tu vas étendre ta main puissante pour les secourir, pour les ramener à toi. Quelle que soit la situation dans laquelle ils se trouvent, donne-leur de sentir ta présence, ton amour. Guéris les cœurs meurtris, renouvelle leur esprit, transforme leur vie, leur mariage.

Je prie pour que tu leur accordes la sagesse pour faire le bon choix, prendre les meilleures décisions. Agis dans chaque mariage, chaque relation. Interviens la ou les miracles sont nécessaires.

Je prie également pour ceux qui n'ont pas encore commencé cette belle aventure qu'est le mariage, afin que tu les guides dès les premiers instants, que tu leur parles de façon claire et distincte afin qu'ils ne fassent aucun faux pas. Je déclare que l'eau sera transformée en vin, la joie du mariage sera restaurée. Au nom puissant de Jésus Christ, notre Seigneur et Sauveur. Amen.

Bientôt

Alter Ego

A PROPOS DE L'AUTEUR

Puisant la force dans sa foi, Camille Babin a une capacité énorme en tant qu'auteur, orateur et coach de mariage à inspirer, motiver les gens à se rapprocher de Dieu, débloquer leur potentiel et raviver la flamme à l'intérieur. Sa passion est de voir hommes et femmes vivre dans la plénitude de leurs dons et de l'appel que Dieu a placé sur leur vie.

Camille vit dans l'État de Géorgie, avec son mari et leurs trois garçons.

Pour en savoir plus visitez son site :
www.camillebabin.com